HARALD LESCH | THOMAS SCHWARTZ

UNBERECHENBAR

HARALD LESCH
THOMAS SCHWARTZ

UNBERECHENBAR

Das Leben ist mehr als
eine Gleichung

Unter Mitarbeit von Simon Biallowons

HERDER

FREIBURG · BASEL · WIEN

MIX
Papier aus verantwortungsvollen Quellen
FSC® C014496
www.fsc.org

2. Auflage 2020

www.herder.de

Satz: Daniel Förster, Belgern
Herstellung: GGP Media GmbH, Pößneck

Printed in Germany

ISBN Print 978-3-451-39385-3
ISBN E-Book 978-3-451-82209-4

INHALT

AUFTAKT BEI GOETHE:

MIT ALLEM HABEN WIR GERECHNET – ABER DAMIT?

Weimar liegt ruhig da, eigentlich wie immer. Es ist Mitte März, und noch scheinen die Entwicklungen der folgenden Tage und Wochen in weiter Ferne. Als Ahnung allerdings, eine Ahnung, die stärker und stärker wird und mit jeder Radiomeldung und jedem News-Feed an Brisanz gewinnt, sind sie auch hier schon längst angekommen. Da dräut etwas, da braut sich etwas über unseren Köpfen zusammen. Und diese Ahnung fährt mit, die paar Hundert Kilometer aus Bayern, sie begleitet uns auf den Autobahnen und in den Zugabteilen, die einem leerer vorkommen – und die immer noch proppenvoll sind im Vergleich zu dem, wie es in wenigen Tagen aussehen wird. Sie spaziert mit, diese Ahnung, durch die wunderbare Altstadt Weimars.

Hier gibt es keine langen Wege, nur wenige Meter liegen zwischen dem Haus Schillers und Goethes Domizil am Frauenplan, und alles erscheint so wunderbar idyllisch. Die Häuser sind herausgeputzt, herausgeputzt sind die Straßen und Cafés, und auch der Marktplatz präsentiert sich bestens gepflegt – man wähnt sich fast im Disneyland der deutschen Klassik. Wir kommen entlang der Belvederer Allee, die zu Beginn ihrem Namen zu trotzen scheint und gar keinen schönen Ausblick bietet. Dann aber führt sie am Park an der Ilm vorbei, und es sind nur wenige Schritte hinein ins Naturidyll und zum Fluss hinab. Dort gegenüber liegt das Gartenhaus, sein Gartenhaus. Es könnte so schön sein, doch die Ahnung schlendert mit, begleitet uns den kleinen Anstieg hoch, am Liszt-Haus vorbei, immer geradeaus, jetzt durch die Marienstraße schnurstracks in Richtung von Goethes Wohnhaus. Ob wohl der alte Olympier in solch einer Situation mehr geahnt oder gar etwas gewusst hätte? Kopfsteinpflaster und von knotigen Wurzeln aufgeworfener Asphalt – man könnte glauben, die Straßen wollten die vielen Fragen nachbilden, die sich in unseren Köpfen und in unseren Gesprächen anhäufen. Nur eine knappe Visite im Zentrum der Goethe-Stadt, diesem Juwel, so viel Zeit muss sein. Kurz das Flair des Klassizismus einsaugen und die Kulturluft schnuppern, selbstverständlich auch den Duft der Thüringer Bratwurst, die ebenfalls zur Kultur gehört. Dann geht es wieder ins Hotel, morgen kommen wir sicher zurück, jetzt aber erst einmal ran ans Thema des Buches.

Ein erstes Gespräch in der Lobby, Einfrotzeln und Abtasten, es läuft. Thesen werden aufgeworfen, kleine Provokationen fliegen hin und her – herrlich, es läuft immer besser! Dann mal ran an … aber an was eigentlich? In diesen wenigen Stunden der Anreise und des Schlenderns durch Weimar gerinnt die Ahnung immer mehr zur Gewissheit, und das Thema des Buches verändert sich. Der ursprüngliche Kern steckt immer noch drin und liegt ihm zugrunde. Doch in erster Linie geht es jetzt um etwas ganz anderes. Es geht um die Frage, in welcher Gesellschaft man leben möchte, wenn die Krise zuschlägt. Ob es sich um die Corona-Krise handelt, wie jetzt, oder um andere Formen von Krisen. Wie muss eine Gesellschaft aussehen, wie muss sie verfasst, strukturiert und organisiert sein? Oder neudeutsch: Welches Mindset muss sie haben – möge der Herr Geheimrat den Ausdruck verzeihen –, damit man nachher behaupten kann, die Gesellschaft als Ganze und möglichst viele ihrer Einzelteile seien »gut« durch diese Krise gekommen?

Die Anrufe häufen sich und werden immer länger, erste Unruhe kommt auf. Die Familie, Kollegen, das ZDF in Mainz und die Uni in Augsburg melden sich. Was tun? Bleiben? Abreisen? Und irgendwann platzt es aus einem heraus: »Mensch, damit habe ich nicht gerechnet – du vielleicht?«

Nein, damit hat niemand von uns gerechnet. Gleichungen, Prognosen und Bilanzen, das gehört zu unserem Alltag. Rechnen ist Teil unseres Jobs, ohne Zahlen geht es nicht. Aber aus der zur Gewissheit werdenden Ahnung heraus hätte keiner von uns diese Entwicklungen hinter das Ist-Zeichen geschrieben. Wie auch? Und damit verbinden sich die Fragen nach der besten aller Krisengesellschaften mit einer weiteren, mindestens ebenso zentralen Frage: Wie berechenbar ist das Leben?

Seit Jahren schon geistert in den Diskussionen um Solidarität und Subsidiarität, um Chancengleichheit oder -ungleichheit, um Partizipation und Integration der umgangssprachliche Begriff der »Vollkaskomentalität« herum. Er kann aber auch auf eine existenzielle Ebene übertragen werden: Wie viel Unsicherheit, wie viel Unberechenbarkeit ertragen wir Menschen? Können wir diese Unsicherheit ausschalten? Wie können wir das Leben berechenbar machen, uns versichern und absichern? Gibt es die große Lebensversicherung – vielleicht sogar mit einer Rückversicherung? Und: Was passiert mit uns, was passiert mit der Welt, wenn wir alles zu berechnen versuchen?

Diese Fragen stellen sich seit Jahren, und sie müssen gestellt werden. Nicht erst Corona hat sie neu aufgeworfen. Schon oft haben wir über sie diskutiert, leidenschaftlich, kontrovers, mit unterschiedlichen Ausgangspunkten und anderen Blickwinkeln. Zugleich aber treibt uns die gemeinsame Suche an, das Gefühl, dass manche Dinge nicht mehr passen, dass bestimmte Sachen pervertiert wurden – und dass sich diese Sachen ändern müssen. Wir denken und diskutieren darüber vor dem Hintergrund unserer Fachgebiete, der Astronomie und der Physik, der Wirtschaft und der Ethik. Uns leitet der Wunsch, eine Antwort auf die oben aufgeworfenen Fragen und auf die existenzielle Frage nach der Berechenbarkeit des Lebens überhaupt zu finden – und der Wunsch treibt uns auch in diesen Tagen bei Goethe und den vielen Tagen danach an. In unseren Notizen findet sich eine bezeichnende Bemerkung: »12. März 2020, Deutschland in Zeiten des Corona-Virus. Mein Name ist Harald Lesch, und meine Utopie wäre, dass ein Land genau dann ökonomisch, sozial, ökologisch und was man sich auch immer für Eigenschaften einfallen lassen könnte, richtig funktioniert, wenn alle von alleine das Richtige tun.« Dann, einige Zeilen weiter: »Die Haltung einer gesunden, souveränen Gesellschaft, die mit sich im Reinen ist, wäre diejenige, ruhig zu bleiben, sich anzuschauen, was der Fall ist, cool zu bleiben, auch dann, wenn die Krise länger dauert, und mutig zu werden, wenn es notwendig sein sollte, vielleicht ganz neue Schritte zu gehen. Es wäre eine perfekte Gesellschaft, weil sie offen wäre, weil sie Möglichkeiten hätte, sich weiterzuentwickeln, und nicht abgeschlossen ist, eine Gesellschaft, die Risiken eingeht, aber auch Risiken berechnet und abschätzt – zum Wohle aller.«

Darum ging es in unseren Gesprächen in Weimar, darum ging es in unseren Diskussionen und Debatten vorher und nachher: um das Wohl aller in der Gesellschaft und das Wohl der Gesellschaft als Ganzer. Aber auch um das Wohl des Einzelnen, ganz konkret, alltagstauglich und lebensnah. Aus unserer Sicht, aus der Sicht eines Naturwissenschaftlers und eines Wirtschaftlers. Wirtschaft und Ethik, okay, das hat sicherlich etwas mit dem konkreten Leben zu tun. Hier geht es um Einkommen, Wohlstand, auch um Moral. Aber Naturwissenschaft? Physik? Noch dazu Astrophysik? – Was bitte soll das denn mit unserem Alltag zu tun haben? Sehr viel, denn die Astronomen waren es, die den Himmel berechnet und ins Kalkül gezogen haben. Die Mechanik des Himmels ist nichts weniger als das Paradies für Vorausberechner. Da klappt das alles perfekt, aber bei uns hier unten auf der Erde auch? Und außerdem lässt sich aus den Prinzipien, die der Physik und der Mathematik zugrunde liegen, so einiges an Gemeinsamkeiten, aber natürlich auch an Unterschieden ableiten. Und gerade die Unterschiede, die Abweichungen sind wichtig und spannend.

Manche Thesen und Überzeugungen werden provozieren, hoffentlich. Wenn die Thesen zutreffen und die Argumente stimmen, wenn sie sogar »wahr« sind, dann soll das auch so sein, ganz so, wie es Carl Friedrich von Weizsäcker einmal formuliert hat: »Das demokratische

System, zu dem unser Staat sich bekennt, beruht auf der Überzeugung, dass man den Menschen die Wahrheit sagen kann.« Wahr, zutreffend, nicht nur in Bezug auf Antworten. Dieses Buch wird Antworten schuldig bleiben und Probleme aufgeworfen und angesprochen haben, vor denen wir auch suchend und mit einer gewissen Ratlosigkeit stehen. Die Suche treibt uns an, nicht die Hybris, alles beantworten zu wollen. Jene Hybris, die so oft und so fatal in unseren Disziplinen, egal ob der Naturwissenschaft oder der Wirtschaft und erst recht in der Philosophie und Theologie, für Ereignisse und Entwicklungen gesorgt hat, die die Welt und unser Zusammenleben für immer verändert haben, meist nicht zum Besseren. Ohne Hybris also, sondern auch hier mit einer Einsicht von Carl Friedrich von Weizsäcker unterwegs: »Die großen Fortschritte in der Wissenschaft beruhen oft, vielleicht stets, darauf, dass man eine zuvor nicht gestellte Frage doch, und zwar mit Erfolg, stellt.« Oder, um noch einmal auf Weimar, auf die Frage nach Berechenbarkeit und Goethe zu kommen: »Was ihr nicht rechnet, glaubt ihr, sei nicht wahr!« (Faust II). Ein schlauer Mann, der Alte in Weimar, sehr schlau!

STABILE SEITENLAGE UND PULS AUF 60:

RAUS AUS DER KARUSSELL-GESELLSCHAFT!

Besuch beim Arzt, die Prozedur kennt man nur zu gut: Na, wo zwickt's denn? Gibt es irgendwelche Vorerkrankungen? Sind die vielleicht familiär bedingt? Versuchen Sie sich doch zu erinnern! Ach, und wann waren Sie denn zum letzten Mal beim Arzt? Nur keine Scheu! – Das alles kann routinemäßig und völlig problemlos ablaufen; eine solche Befragung kann aber auch ziemlich anstrengend und unangenehm werden, für beide Seiten. Und doch ist sie fast immer unverzichtbar, diese im Fachjargon Anamnese genannte Befragung, denn sie bahnt den Weg zu einer im besten Fall präzisen Diagnose, die schließlich in eine Therapie mündet.

Die Anamnese wird aber nicht nur von Ärzten bei ihren Patienten angewandt. Sie stellt auch eine beliebte Methode dar, wenn es darum geht, menschliche, soziale

Systeme zu analysieren. Auch hier wird nach Symptomen geforscht, auch hier werden Vorbedingungen abgeklopft, und es werden Prozesse und Entwicklungen auf Herz und Nieren untersucht. Ganz ohne Zweifel, das ist zweckmäßig. Und doch möchten wir anders vorgehen, wenn wir uns fragen, in welcher Gesellschaft wir leben wollen. Denn die unterschwellige Prämisse der Anamnese lautet, dass der Patient eben ein Patient ist, also krank. Dass er Symptome aufweist und eine Behandlung braucht. Zwar sind wir auch der Meinung, dass unsere Weltgemeinschaft, dass unsere deutsche Gesellschaft und schließlich viele einzelne Existenzen Hilfe oder gar Behandlung brauchen. Nur drängt es sich bei der Methode der Anamnese auf, ausschließlich und exakt zwischen krank und gesund zu unterscheiden. Doch solch eine klare Unterscheidung existiert nicht, wenn wir die Gesellschaft in den Blick nehmen. Tagtäglich sehen wir Symptome, die wir vielleicht als »ungesund« erkennen und erklären können. Aber eine gesunde Gesellschaft im Sinne einer perfekten Gesellschaft hat nie existiert und wird nie existieren. Das Leben – ob wir damit nun das Leben auf unserem Planeten insgesamt meinen oder jenes in unserer Gesellschaft, ob wir das Leben unseres Nachbarn ins Auge fassen oder unser eigenes – ist nie so eindeutig. Es ist weder schwarz noch weiß, sondern oft bunt und manchmal grau. Deswegen können wir es eben auch nicht einfach als gesund oder krank charakterisieren.

Ja, was will sie denn? Ja, was hat er denn?

In den folgenden Kapiteln werden wir auf Dinge zu sprechen kommen – und es werden gar nicht so wenige sein –, die wir harsch kritisieren. Es wird um den sogenannten Turbokapitalismus gehen und um die völlige Ökonomisierung unserer Welt. Wir werden uns mit der Reduktion des Menschen auf sein Funktionieren beschäftigen, als wäre er nichts weiter als eine Maschine, wie Charlie Chaplin das in seinem Film *Moderne Zeiten* vor Jahrzehnten bereits so wunderbar und weitsichtig karikiert hat. Wir werden einen Blick werfen auf etwas, das wir Streckengeschäftsmentalität nennen, und unseren ausufernden Technikwahn hinterfragen. Und schlussendlich werden wir uns einer bestimmten Betrachtung der Welt widmen, die wir als Excelisierung unseres Lebens bezeichnen möchten, und einer falsch verstandenen Auffassung von Naturwissenschaft. – Was passiert, wenn mathematische Gleichungen auf menschliches Zusammenleben angewandt werden? Was ist das Risiko, wenn physikalische Gesetze zu Handlungsmaximen erhoben werden? Das sind Paradigmen, die von enormer Bedeutung sind und die unser Leben mehr prägen, als uns oft bewusst ist.

Wir kritisieren indes solche Entwicklungen nicht nur, sondern zeigen konkrete Lösungen und alternative Wege auf. Diese Lösungen und Vorschläge könnte man als Therapieschritte oder Medikamente auffassen, doch das wäre aus unserer Sicht anmaßend. Unsere Vorschläge sind nichts anderes als eben Vorschläge, es sind Ideen, keine erprobten Rezepte und schon gar keine Patentrezepte. Und insofern ist es, wenn wir doch an mancher Stelle den Vergleich zu einem Patienten, einem Arzt oder Krankenhaus ziehen, immer unter der Prämisse zu verstehen, dass wir nicht davon ausgehen, unsere Welt sei einfach »krank« und müsse wieder »gesund« werden.

Bei einem Patienten, der zum Arzt kommt und im Anamnesegespräch sitzt, dreht sich zunächst einmal alles um den Einzelverlauf. Bei diesem Einzelverlauf bleiben dem Patienten kaum Alternativen. Er muss sich so verhalten, wie ein Mensch, der krank ist – oder er sträubt sich dagegen und tut so, als wäre er gesund. Ein Kranker, der durch sein Verhalten seine Krankheit leugnet, wird in den meisten Fällen krank bleiben, wenn nicht gar Schlimmeres passiert (wir reden natürlich von ernsteren Fällen mit schweren Verläufen). Betrachten wir die Gesellschaft, sieht das ganz anders aus. Sie ist nicht krank oder gesund, sondern sie besteht aus Gesunden und Kranken, und denken wir an die Corona-Krise, dann besteht sie auch aus gefährdenden Elementen und nicht gefährdenden. Der Satz »Das Ganze ist mehr als die Summe seiner Teile« greift hier zu kurz. Denn das Ganze ist noch viel mehr ganz, als dass es einfach nur die Summe seiner Teile ist. In unserem Fall stellt sich die Frage: Welches Ganze wollen wir, welche Teile wollen wir – und was gibt es zusätzlich zu der Summe dieser Teile? Was macht das Mehr des Ganzen aus?

Oft war in letzter Zeit von der erschöpften Gesellschaft die Rede. Wenn man abends in der U-Bahn sitzt oder morgens im Bus, dann kann man schnell den Eindruck gewinnen, dass diese Diagnose auf viele einzelne »Teile« des Ganzen, also der Gesellschaft, zutrifft. Aber ist die Gesellschaft, wenn die Mehrzahl ihrer Teile platt ist, auch platt und erschöpft?

Bleibt man bei unserem Eingangsbild, dann kann man sich unsere Gesellschaft leicht als einen Patienten vorstellen, der die letzten Monate und Jahre immer gearbeitet hat, und zwar full speed. Immer schneller, immer mehr, immer weniger Pausen, am besten immer weniger oder sogar keinen Urlaub und wenn Urlaub, dann eben auch immer full speed. Die Frage nach dem Tempo unseres Lebens wird später noch ausführlich thematisiert werden. Stellen wir uns weiter vor: Dieser Patient wird mit einem Herzinfarkt ins Krankenhaus eingeliefert. Er wacht auf, und man sagt ihm: »Also, wir haben Sie so weit stabilisiert, aber Sie müssen sich schon im Klaren darüber sein, dass Sie Ihr Leben so nicht weiterführen können. Sie müssen mehr auf sich achten. Sie müssen sich mehr schonen, Sie müssen Pausen machen.«

Ja, was heißt das jetzt genau? Her mit den Medikamenten, und bitte konkret werden!

»Sie werden jetzt erst einmal Betablocker kriegen, damit ihr Herzschlag und Ihr Blutdruck ein bisschen runterkommen. Dann werden Sie natürlich einen Blutverdünner nehmen müssen. Deswegen müssen Sie aufpassen, dass Sie sich nicht verletzen.«

Puh, ist das nicht übertrieben?

»Ach, und es wäre gut, wenn Sie so Achtsamkeitsgeschichten machen, Sie wissen schon. Qigong-Training oder irgend so etwas.«

Auch das noch!

Manche Patienten reagieren auf eine solche Situation mit einem entschiedenen: »Pfeif drauf!« Sie klettern wieder rauf auf ihr existenzielles Motorrad und geben weiter Vollgas, als wäre nichts gewesen. Sind wir als Gesellschaft diese Art Patient? Es dürfte bereits angeklungen sein, dass wir eine Gesellschaft für wünschenswert halten, die das Ganze und die einzelnen Teile anders in den Blick nimmt. Eine Gesellschaft, die nicht einfach, wie in der Corona-Krise geschehen, zwischen Gesunden und Nicht-Risikogruppen auf der einen und Kranken und Risikogruppen auf der anderen Seite unterscheidet, auch im übertragenen Sinne. Wir wünschen uns eine Gesellschaft, die sich dessen bewusst ist, dass auch die anfangs als Nicht-Risikogruppe Eingestuften Schutz, Hilfe, Veränderung brauchen. Die aber andererseits auch nicht die eigenen Fehler leugnet und jene Misstöne nicht überhört, die ganz real sind. Dazu gehört gerade die Full-Speed-Mentalität, ganz unabhängig davon, ob die Gesellschaft nun als Ganzes erschöpft ist oder nicht. Die Symptome, die nicht unbedingt auf eine Erkrankung, aber auf krank machende Fehlentwicklungen hinweisen, sollen nicht ignoriert werden. Der Patient soll nicht sofort wieder aufs Motorrad steigen, sondern sich kurz Zeit nehmen, vielleicht sogar eine Auszeit, um achtsam dafür zu werden, was diese Symptome sind und wofür sie stehen.

Karussellgesellschaft vs. Biergartengesellschaft

Das, was jeder Einzelne braucht, wenn etwas passiert ist, und das, was unsere Gesellschaft gerade jetzt braucht, lässt sich in eine schlichte Formel zusammenfassen: stabile Seitenlage, den Puls auf 60, kein Blutverlust – und danach erst einmal den Ball flach halten. Was hinter dieser Formel steckt, hat einen Namen: Souveränität. Um eine erste Antwort auf die in Weimar so überraschend aufgetauchte Frage, in welcher Gesellschaft wir leben möchten, zu geben und von dort aus unsere Überlegungen weiterzuentwickeln, meinen wir: Eine Gesellschaft, in der wir leben möchten, im Alltag wie auch in der Krise, in guten wie in schlechten Zeiten, eine solche Gesellschaft soll souverän sein. Souverän auch im Sinne einer Unabhängigkeit, was das politische System, die staatlichen Organe und den Einzelnen angeht. Darum soll es aber hier gar nicht in erster Linie gehen, das überlassen wir den Staatsrechtlern. Wenn wir von Souveränität sprechen, dann mehr im Sinne von Gelassenheit – wir müssen selbstverständlich auf Krisen entschlossen, zügig und trotzdem wohlüberlegt reagieren. Mit großer Wahrscheinlichkeit werden dabei Fehler passieren, es werden Irrtümer entstehen, das ist menschlich. Wichtig ist es aber – und das gehört zur Gelassenheit und Souveränität –, diese Fehler und Irrtümer angstfrei und offen benennen zu können und zu dürfen. Einen Wissenschaftler, der sich nie irrt, gibt es nicht. Das ist eigentlich fast zu banal, um es hier zu erwähnen, in Zeiten weitverbreiteter Allwissensfantasien ist es jedoch ausnahmsweise angebracht, diese Banalität noch einmal ins Bewusstsein zu heben. Gelassenheit und Souveränität bedeuten, dass Fehler passieren können und dass sie passieren werden, dass aber zugleich vorausschauend agiert wird, dass man mit der Unberechenbarkeit von Fehlern rechnet. Was das im Einzelnen bedeutet, soll in den folgenden Kapiteln diskutiert werden.

Eine souverän-gelassene Gesellschaft, wie wir sie hier anzudenken versuchen, kann vor allem eines: stabile Seitenlage, Puls auf 60, den Ball auch einmal flach halten.

Sie ist keine Karussellgesellschaft, in der ständig gebrüllt wird: Wer will noch eine Runde, wer will noch schneller, will noch höher? Und in der diejenigen, die aussteigen, als Feiglinge und Außenseiter stigmatisiert werden, ganz egal, ob sich drinnen alle übergeben, die Fliehkräfte immer größer werden und sich irgendwann die Schrauben lockern und das Karussell auseinanderfliegt. Die Fliehkräfte einer Karussellgesellschaft sind das genaue Gegenteil der Kraft der Gelassenheit und Souveränität.

Das Gegenteil zur Karussellgesellschaft ist die Biergartengesellschaft. Keine Sorge, wir bleiben in den folgenden Kapiteln nicht beim bajuwarischen Brauchtum stehen, und uns ist auch bewusst, dass mit dem Biergarten nicht alle wesentlichen Bereiche unseres Daseins abgedeckt sind. Das Leben kann nicht nur Biergarten sein. Doch wenn es um einen Puls von 60 und um Gelassenheit geht, dann ist der Biergarten gar kein so schlechter Ausgangspunkt. In der Biergartengesellschaft kann jeder von zu Hause etwas mitbringen. Zugleich gibt es aber feste Vorgaben und Regeln. In der *Bayerischen Biergartenverordnung* vom 20. April 1999 steht, für einen Biergarten sei »der Gartencharakter« kennzeichnend und »die traditionelle Betriebsform, speziell die Möglichkeit, dort auch die mitgebrachte, eigene Brotzeit unentgeltlich verzehren zu können«. Der geforderte Gartencharakter verlangt eine Situierung des Betriebs im Grünen, jedenfalls im Freien. Das Idealbild des Biergartens ermöglicht es, unter großen Bäumen im Schatten zu sitzen. Es kann also nicht jeder machen, was er will, und zumindest die Getränke müssen gekauft werden. Ob der Besucher aber dazu Obazden isst oder Leberkäs, ob Köfte oder Hummus, das ist wurscht.

Die Biergartengesellschaft, wie wir sie skizzieren möchten, zeichnet sich im Vergleich zur Karussellgesellschaft noch durch etwas anderes aus: Sie ist flexibel. Hier gibt es keine Gralshütermentalität. Was sie prägt, ist vielmehr die Lust an der Vereinbarkeit von Tradition und Moderne. Neue und kreative Verbindungen sind gefragt. Nicht die Fliehkräfte, sondern Kreativkräfte stehen im Zentrum. Wir wollen uns nicht nur immer höher und schneller, dabei aber doch nur im Kreis bewegen, wir wollen auch einmal neue und andere Wege finden und beschreiten. Dazu passt eines der schönsten Merkmale der Biergärten: Die Menschen kommen hier an langen Tischen zusammen. Die Bänke sind immer gleich breit und gleich lang, und die Tische sind es auch. Die Menschen, die dort sitzen, rücken eng zusammen, egal, ob man sich kennt oder nicht. Zugegeben, in Corona-Zeiten klingt das beinahe wie ein Bild aus der Utopia des Thomas Morus, dieses Zusammenrücken ist derzeit unmöglich. Aber gerade darin zeigt sich das Treffende des Bildes: Unsere Gesellschaft ist durch das Virus zutiefst gestört und getroffen, wesentliche Grundvollzüge, das gelernte Spiel von Distanz und Nähe, funktionieren nicht mehr. In Nicht-Corona-Zeiten bedeutet ein Biergarten Treffpunkt und Schmelztiegel, jenseits von reiner Folklore. Um noch einmal die *Bayerische Biergartenverordnung* zu zitieren: »Biergärten erfüllen wichtige soziale und kommunikative Funktionen, weil sie seit jeher beliebter Treffpunkt breiter Schichten der Bevölkerung sind und ein ungezwungenes, soziale Unterschiede überwindendes Miteinander ermöglichen. Die Geselligkeit und das Zusammensein im Freien wirken Vereinsamungserscheinungen im Alltag entgegen.« Geselligkeit, Gemütlichkeit und Gelassenheit, da ist der Puls von 60 definitiv gegeben. Nur die stabile Seitenlage, die sollte nachher möglichst nicht nötig sein.

EINFACHE ATOME UND KOMPLIZIERTE BEZIEHUNGEN – ODER:

WARUM KOMPLEXITÄT ETWAS TOLLES IST

Mensch, muss das eine Gaudi gewesen sein: Da ist der alte Hexenmeister endlich weg, der Junior darf ran und schon geht's richtig rund. Walle, walle, ein völlig durchgedrehter Besen, Wasser überall, Saal und Stufen ersaufen schier in den Fluten, das komplette Desaster. Seit seiner Veröffentlichung hat das Gedicht »Der Zauberlehrling« von Johann Wolfgang Goethe die Menschen zu den unterschiedlichsten Adaptionen inspiriert, und der Ausspruch »Die ich rief, die Geister, werd ich nun nicht los« dient bis heute als Bild für jene Kräfte, die entfesselt wurden, ohne dass man sie noch beherrschen kann. Ein Bild, das nicht zuletzt gerne für den modernen Menschen gebraucht wird, der mit seiner Forschung und Technik Möglichkeiten geschaffen hat, derer er nicht mehr Herr wird. Und im Gegensatz zu Goethes Gedicht ist bei diesem modernen Menschen weit und breit kein alter Hexenmeister zu entdecken, der dem Spuk ein Ende bereitet.

Vorab: Hier, zu Beginn unseres Buches, kann möglicherweise der Eindruck entstehen, wir seien etwas pessimistisch oder gar technikfeindlich eingestellt. Dem ist aber nicht so. Im Gegenteil, wir sind fasziniert von Technik, vom Deutschen Museum ebenso wie von Sternwarten, von Autos nicht minder als von Computern. Wir sind zutiefst fasziniert, nicht zuletzt von der Ästhetik des Technischen und von der menschlichen Brillanz, die sich dahinter verbirgt. Wir sind alles andere als Technikfeinde! Trotzdem soll hier erst einmal eine kurze Standortbestimmung stehen, und viel von dem, was weiter oben schon angedeutet worden ist und später noch folgen wird, hat mit den Beobachtungen und Bemerkungen zu tun, die wir nun gleich anstellen wollen. Also: Keine Sorge, es sind die großen und langen konstruktiven Linien, die dieses Buch bestimmen. Zuerst aber richten wir den Blick auf eine der zentralen und prägenden Entwicklungen unserer Zeit und Gesellschaft.

Wer hat hier eigentlich das Sagen?

Unter dem Eindruck der Industrialisierung und zunehmenden Technisierung und der damit verbundenen Automatisierung und Mechanisierung des Lebens wuchsen spätestens ab dem 19. Jahrhundert gewisse Schreckgespenster heran. Jene Gespenster, die der Mensch dank seiner intellektuellen Fähigkeiten selbst ins Leben gerufen hatte und die nun die Kontrolle über das menschliche Dasein zu übernehmen und dabei selbst außer Kontrolle zu geraten drohten. Immer öfter tauchten sie auf und avancierten zum nicht mehr wegzudenkenden Gesprächsstoff in den Salons, Magazinen und Zeitschriften jener Epoche. Besonders Anfang bis Mitte des vergangenen Jahrhunderts skizzierten etliche Denker eine Gesellschaft, in der der Mensch, wie in Charlie Chaplins Film *Modern Times* von 1936, nur noch dem Rhythmus der Maschinen folgt, bis hin zu einer völligen Abhängigkeit und Fremdbestimmheit. Heute, einige Jahrzehnte später, wird die These eines kompletten *Technikdeterminismus* differenzierter betrachtet. Und doch drängt sich angesichts der Automatisierung und vor allem der Digitalisierung, der unsere Gesellschaft ausgesetzt ist, der Gedanke wieder auf und prägt immer häufiger hitzige Debatten: Wer hat denn jetzt eigentlich das Sagen auf der Welt – die Maschinen oder doch noch der Mensch?

Die Physikerin und Philosophin Rafaela Hillenbrand schreibt dazu in *Die politische Meinung*: »Der Verweis auf die soziale Einbettung der Technologien lässt weiterhin Raum für einen Technikdeterminismus. Der Gebrauch von Technik kann einzelne Entwicklungspfade unumgänglich machen, die wiederum bestimmte technische oder soziale Reaktionen erfordern, ein tatsächliches Agieren aber unmöglich machen. Dies ist allerdings davon abhängig, welche Technologie betrachtet wird. Für einen solchen Technikdeterminismus sprechen einerseits die eingangs genannten Beispiele der Digitalisierung sowie des Verkehrs und der Stromversorgung. Andererseits werden Technologien gezielt entwickelt und eingesetzt, um menschliche Bedürfnisse zu befriedigen. Unbestritten nährt Technik den menschlichen Wohlstand.«

Die Dominanz der Technisierung und die jüngsten einschneidenden Veränderungen durch die Digitalisierung sind, wie Hillenbrand ausführt, keineswegs ausschließlich zu verdammen. Ohne Zweifel haben die Technisierung und die damit verbundenen Entwicklungen erhebliche Vorteile für die Allgemeinheit und für den individuellen Menschen gebracht – für viele zumindest. Wir wollen auch gar nicht in eine Pro-und-Contra-Diskussion einsteigen oder sorgsam gegenläufige Argumente abwägen, wir wollen schon gar nicht die »Ja, aber«-Gleise herunterrattern. Wir erlauben uns prinzipiell vorauszusetzen, dass Technisierung zahlreiche Verbesserungen und Vorteile ermöglicht hat, was uns im nächsten Schritt erlaubt, gerade deshalb vor allem auf das zu blicken, was salopp »Technikwahn« genannt werden kann, und auf seine Auswirkungen und entsprechenden Alternativen. Auf das, was mittels der Technisierung, vor allem mittels Digitalisierung und Maschinisierung, das Gegenteil von einem Leben erträumt, das mehr als eine Gleichung und mithin unberechenbar ist.

Die Sache mit dem Leben als Gleichung, das ist etwas, was uns wirklich umtreibt. Die moderne Welt ist in einem hohen Maße auf Technologie aufgebaut, und zwar grundlegend. Einzelnen Aussteigern mag eine einfache Entflechtung möglich sein, unseren Gesellschaften als Ganzen, so wie wir sie kennen, wird das kaum gelingen. Daher haben die Implikationen eines »Gleichungs-Weltbildes« enorme Konsequenzen. Sie können nicht einfach isoliert oder nur steril für bestimmte Anwendungsbereiche betrachtet werden. Die Überzeugung, dass sich durch Technik die gesamte Welt und das gesamte Leben berechnen und gestalten lassen, ja sogar besser gestalten lassen, verändert nicht nur technische Prozesse, sondern auch zwischenmenschliche und damit gesellschaftliche Beziehungen. Dahinter steckt selbst wieder eine Gleichung, die da lautet: Berechenbarer = beherrschbarer = besser. Das ist die Grundgleichung des Technikwahnsinns, und sie hat Auswirkungen auf alle Bereiche unseres Lebens.

Diese Tatsache, und das ist eine der Hauptfunktionen dieser Gleichung, wird heute oft geleugnet. Spezialisierung als ein Charakteristikum unserer Zeit führt auch zu einer mentalen Gettoisierung, einem Rückzug aus dem öffentlichen Raum in die Nische des Expertentums. Ich (Harald Lesch) habe ich mich vor nicht allzu langer Zeit mit einem Mann unterhalten, der an

Quantencomputern baut und forscht. Der Quantencomputer ist der *Stein der Weisen* der Digitalisierung, mit dem Unterschied, dass wir tatsächlich bereits Splitter dieses Steins gefunden haben, seine vollständige Entdeckung kann also nicht mehr fern sein. Die Bundesregierung hat gerade erst ein Milliardenprogramm aufgelegt, um den Stein endlich zu fassen zu kriegen. Solch ein Computer, voll verwirklicht, wäre extrem schnell, und mit ihm wären Dinge möglich, die wir uns kaum vorstellen können. Die Rechenleistung einer solchen Maschine betrüge ein Vielfaches derer, die die heutigen besten Computer aufweisen. Außerdem wäre er fast »unknackbar«, d. h. man könnte Programme verwenden, die man nicht mehr manipulieren kann. Und wer den ersten Quantencomputer besitzt, könnte auf einmal das ganze Internet beherrschen. Ich fragte also diesen Spezialisten, wie er denn mit den Möglichkeiten dieser Technologie umgehe, wie er solch eine Verantwortung trage. Er antwortete knapp: »Ja, aber das ist doch Technik! Ich entwickle Technik – was die Leute dann damit machen, das geht mich nichts an. Darüber mache ich mir keine Gedanken.« Absurd. Als ob beides voneinander abgekoppelt werden könnte. Als ob die Verantwortung nicht einer der wichtigsten Aspekte bei der Entwicklung und Verwendung einer Technologie wäre, die gerade aus so abstrakten Wissenschaftsformen herrührt wie der Quantenmechanik oder der Relativitätstheorie.

Wir kommen auf diese Unterhaltung noch einmal zurück, weil an ihr etwas Elementares deutlich wird. Zunächst aber interessieren uns die Möglichkeiten noch gar nicht, die mit solch einer Technik geschaffen werden können. Wir wollen uns vorerst mit der Bedingung dieser Möglichkeit beschäftigen. Diese Bedingung lautet: Energie. Und wir müssen dabei gar nicht so weit gehen und so kompliziert werden wie bei Quantencomputern. Nehmen wir nur ein x-beliebiges Smartphone: Wie viele Materialien da verarbeitet sind! Kupfer, Tantal, Iridium und vieles andere mehr. Allein diese Materialien zusammenzubringen – oder sie auch wieder voneinander zu lösen, wollte man das denn versuchen –, benötigt enorm viel Energie und Ressourcen. Zugegeben, auch schon früher wurden Ressourcen benötigt, und das en masse. Doch die Technisierung, sehr griffig ausgedrückt durch unseren ständigen Begleiter in der Hand oder am Ohr, ist so tief mit unserer Welt verwoben, wir profitieren so unmittelbar in unserer Orientierung, in unserem Kommunikationsverhalten, in unserem Unterhaltungsverhalten von ihr, dass sie uns prägt wie kaum etwas zuvor. Auf die digitale Technik sind zunehmend alle Ressourcen ausgerichtet – auch die menschlichen. Dabei stecken wir in selbst errichteten Zwickmühlen: Die Digitalisierung kann durchaus intelligente Lösungen bereithalten, beispielsweise für den Klimawandel, den wir Menschen wiederum verursachen. Nur: Auch dazu benötigt die

Digitalisierung Energie, und zwar nicht wenig. Die Notwendigkeit, mit immer neuerer Technik für neue Technik Energie zu erzeugen, wird zu einem Kreislauf. Wir brauchen immer neue Technik, um Technik zu betreiben, zu kontrollieren und einzusetzen. Die Gefahr des technischen *circulus vitiosus*, also eines Teufelskreises der Technikabhängigkeit, ist absolut real.

Ist das schon *Technikdeterminismus* in Reinkultur, wie er Mitte des vergangenen Jahrhunderts beschrieben worden ist? Nein. Doch es dokumentiert unsere enorme Abhängigkeit von der Technik. Allein die ganz realen Probleme – Zeit, Aufwand und Geld – sind gewaltig, wenn einmal ein Computer oder Smartphone überraschend kaputt geht. Klar, ein Bauer in früheren Zeiten, dessen Pflug während der Ernte zerbrach, hatte auch ein massives Problem. Aber die tatsächliche, nicht nur die gefühlte Abhängigkeit von Technik ist heute ohne Zweifel größer. Und diese Abhängigkeit macht sich an einem Phänomen besonders bemerkbar, das selbst kein technisches ist, sondern ein mentales: an dem völligen Ausblenden der Tatsache nämlich, dass Technik fehlerhaft sein kann und Maschinen nicht perfekt sind.

Der Mensch ist unvollkommen und macht Fehler, das weiß jeder. Diese Einsicht ist ein entscheidender Pfeiler einer bestimmten Disziplin der Philosophie, der Technikphilosophie. Die ersten Theorien dazu wurden auf der Grundlage der Überzeugung formuliert, dass der

Mensch ein Mängelwesen sei und die Technik benötige und erfinde, um seine Möglichkeiten zu erweitern. Bei der Digitalisierung handelt sich indes um eine Technologie, die mit dem Menschen nicht mehr viel zu tun hat, weil der Mensch seine kognitiven Fähigkeiten auslagert. Wieder erscheint der Mensch als Mängelwesen, nur sind diesmal die Konsequenzen andere. Weil der Mensch als Mängelwesen angesehen wird, sollte er auch möglichst aus komplexen Prozessen herausgehalten werden, und zwar zugunsten von Maschinen.

Selbstverständlich machen auch Maschinen Fehler, wobei sie eigentlich keine Fehler »machen«, sondern fehlbar sind. Das wird kaum einer bestreiten. Und doch haben wir eine unglaubliche Fähigkeit entwickelt, die Fehlbarkeit von Maschinen vollständig auszublenden oder zu marginalisieren. In solchen Fällen weisen wir immer wieder gerne und durchaus nicht zu Unrecht auf die Fehler hin, denen menschliche Unfähigkeit zugrunde liegt. Fehler von Maschinen dienen dann sogar als Beleg dafür, dass man noch mehr Maschinen benötige, und zwar noch präzisere und damit bessere, weil der Mensch eben ein Mängelwesen sei und man nur durch mehr Technik dieser menschlichen Defizienz entgegentreten könne. Die Fehlerhaftigkeit der Maschine wird im Technikwahn also zum Beleg menschlicher Fehleranfälligkeit und umgekehrt: Aus der Fehlerhaftigkeit der menschlichen Natur ergibt sich geradezu zwangsläufig die Fehleranfälligkeit der Technik. Ein zweiter Trick besteht darin, die Fehler der Maschine zwar einzugestehen, aber dann zu erklären, dass Maschinen besonders schnell lernen und nichts vergessen würden. Schnell bedeutet hier übrigens gut.

Tatsächlich ist die Fehleranfälligkeit der hochdifferenzierten Technologie inzwischen faszinierend klein. Sie wird allerdings dann wieder groß, wenn sie entsprechend skaliert wird. Ein Beispiel: Vor einiger Zeit wurden am Berliner Südkreuz Geräte zur Verhaltens- und Mustererkennung eingesetzt, wahre Wunderwerke moderner Technik. Die Fehlerquote lag bei weniger als einem Prozent, Jubel brandete auf, quer durch Politik und Wissenschaft. Multipliziert man allerdings dieses Ergebnis mit den 100 000 Passanten, die im Bahnhof Südkreuz jeden Tag ein-, aus- und umsteigen, so ergibt dieses eine Prozent bereits 1000 Fehler, worauf ein Kommentator hinwies. Multipliziert man diese Fehlerquote nun mit der Gesamtzahl der Bahnfahrgäste pro Tag – und vor der Corona-Krise waren das über 30 Millionen –, so steht dort auf einmal eine horrend hohe Zahl als reale bzw. nominale Fehleranzahl, nämlich 300 000. Das einzelne Gerät oder die einzelne Maschine an sich mag also relativ genau funktionieren und in diesem Sinn vielleicht sogar »besser« als der Mensch. Aber es kommt immer auf den Kontext und auf die Skalierung an. Schaut man mit dieser Perspektive auf die Fehlerhaftigkeit von Maschinen, kann das Ergebnis ernüchternd sein: Es gibt keine absolute Berechenbarkeit bei der Technik, auch nicht im Zeitalter 4.0.

Das wahre Unfehlbarkeitsdogma der Neuzeit

Technologie richtig und damit verantwortungsbewusst eingesetzt, birgt viele Vorteile. Entscheidend ist aber einerseits, dass nicht plötzlich, wie oben beschrieben, das »Unfehlbarkeitsdogma der Technik« ausgerufen wird. Andererseits sollten wir uns stets bewusst sein, dass der Technikwahn nichts anderes ist als das, was wir in diesem Buch das »Karussellprinzip« genannt und ausführlich beschrieben haben: Der ungebrochene Glaube an ein Höher, Schneller und Weiter. Die Beschleunigung unseres Lebens, individuell und kollektiv, besteht natürlich wesentlich in der Korrelation von Beschleunigung und Technologie. »Fortschritt durch Technik«, so lautete einmal ein bekannter Werbeslogan. Und Fortschritt bedeutet vor allem eines: Vor den anderen zu sein, also schneller und weiter und höher. Der Begriff der *Disruptiven Innovation* oder *Disruptiven Technologie*, also einer Technologie, die die Erfolgsserie einer bereits bestehenden Technologie nicht etwa fortsetzt und ergänzt, sondern abbricht und ersetzt, treibt das im wahrsten

Sinne des Wortes auf die Spitze. Zack, wird eine Technologie von einer neuen abgelöst, zack, wird diese verdrängt, zack … Alles in immer kleineren Zyklen. Nur derjenige, der das mitmacht und auch noch gutheißt, ist auf Zack. Die Innovationsprozesse werden immer kürzer und schneller, und wir sind mittendrin, wir, die *up-to-date* sein sollen. Was nicht *up-to-date* ist, ist überholt, und wer nicht *up-to-date* ist, wird überholt. Die *Up-to-date-Kultur* ist Ausdruck einer Gesellschaft, die süchtig ist nach Disruption, nach Zerstörung und Ablösung, manchmal nur um der Disruption willen – die Entfremdung durch Beschleunigung im Sinne von Hartmut Rosa lässt grüßen.

Diese Entfremdung geht mit einer Verselbstständigung der Technologie und einer immer größeren Abhängigkeit des Menschen von der Technologie einher. Ein Einzelner kann bei komplexen Technologien die Vorgänge gar nicht mehr begreifen oder gar überschauen. Und das gilt grundsätzlich: Je enger ein System geknüpft wird, je enger die Verbindungen in einem komplexen System werden, desto schneller müssen die Reaktionszeiten sein. Je weiter sich also ein System entwickelt, desto kürzer muss die *Response Time* werden – und umso mehr gewinnt die maschinelle Kontrolle an Bedeutung. Doch was passiert, wenn beispielsweise beim *Flashtrading*, einer extrem schnellen Form des automatisierten Börsenhandels, ein Rechner kurz einen Softwarefehler hat und das Ganze implodiert? Der Mensch kriegt das nicht mit, weil er erstens in den Prozess nicht mehr einbezogen ist und er zweitens diesen Fehler auch kaum noch nach- und erst recht nicht mitvollziehen kann. Dann gilt das »Unfehlbarkeitsdogma der Technik», das den Fehler beim Menschen sucht und deshalb nach besseren, also berechenbareren und damit nichtmenschlichen Lösungen ruft. Diese Problematik wird sich durch die Künstliche Intelligenz noch zuspitzen – ein warnender Hinweis dazu stammt ausgerechnet von Alan Turing, einem der Pioniere der Computerforschung und legendären Kryptoanalytiker: »If a machine is expected to be infallible, it cannot also be intelligent.« – »Wenn wir von einer Maschine Unfehlbarkeit erwarten, kann sie nicht auch noch intelligent sein.«

Was Turing damit sagt, ist direkt gegen das »Unfehlbarkeitsdogma der Technik« gerichtet und völlig berechtigt. Maschinen sind nicht unfehlbar – und dies zu antizipieren und sein Handeln daran zu messen, genau das bedeutet Verantwortung. Verantwortung in diesem Sinne ist ein zentraler Begriff der Technisierung, und sie ist, ob nun im Zusammenhang mit der Technisierung oder in anderen Bezügen, in Theater oder Dichtung – und der Ethik sowieso – oft und eindrucksvoll dargestellt und thematisiert worden. Wenn also jemand an Quantencomputern baut und Äußerungen macht wie jene, die oben geschildert wurde, mag er zwar seine

Verantwortung an der Instituts- oder Labortür abgegeben haben und ganz dem Unfehlbarkeitsdogma der Technik gehorchen. Aber losgeworden ist er seine Verantwortung nicht, erst recht nicht, wenn er verantwortungslos handelt.

Verantwortung kennt übrigens auch eine Facette, die wir als Nachhaltigkeit klassifizieren können, weil sie sich nicht nur auf die konkrete aktuelle Gesellschaft, sondern auch auf die Generationen nach uns bezieht. Die Geister, die wir jetzt rufen, können sich noch viel quälender und schrecklicher auf unsere Nachkommen auswirken als auf unsere Gegenwart. Nicht zuletzt deshalb, weil das Konzept der Technisierung als lineare Fortschrittsgleichung nicht nur zu Abhängigkeit führt, sondern auch zu Zwang. Aus welchem Grund sollte man sich einer Sache verweigern, die doch gut für die Welt ist? Weshalb sollte man an etwas zweifeln, das man sowieso nicht kapiert? Die Technikgleichung ist eine Gleichung, die Anerkennung verlangt, unbedingte sogar. Oder, um es anders auszudrücken: Die Digitalisierung ist der große Vereindeutiger und die Technisierung die maschinengewordene Alternativlosigkeit unserer Welt. Das beginnt bei scheinbaren Kleinigkeiten wie den dominierenden Softwaresystemen, ohne die man aus der digitalen Community ausgeschlossen ist. Und es setzt sich fort bei den Global Playern, die das Internet beherrschen und damit etliche Diskurse. Die Vielfalt der Möglichkeiten, die uns die Digitalisierung schenkt, bedeutet in anderen Bereichen unseres Lebens auch einen Verlust an Vielfalt – und eine Vereinheitlichung der Welt.

Wegstoßen und Heranziehen: Ein uraltes Pärchen, das die Welt regiert

Hinter dem Erfolg der Technisierung und ihrem Ruf der Berechenbarkeit und damit Kontrollierbarkeit, hinter ihrer Darstellung als sicher und zuverlässig, steckt ein uraltes Begriffspaar, das uns zugleich ein Gegenmittel gegen den Technikwahn bietet: Quantität und Qualität. Quantität ist messbar, Qualität bemisst und hat etwas mit Bewertung zu tun. Das heißt nicht, dass man das, was man gemessen hat, nicht auch bewerten kann. Doch Quantitäten sind Dinge, die man auf irgendeine Weise zählen, in mathematische Relation bringen, in Gleichungen einsetzen kann. Das eine ist größer als das andere, dieses leichter als jenes. Vergleichen wir zwei Menschen und haben dabei ein bestimmtes Schönheitsideal vor Augen, so kann das eine Bewertung sein. Im Kontext der Quantität ist es lediglich eine Feststellung. Das macht die Quantität zu einer so verlockenden Größe, weil sie nämlich die Möglichkeit bietet, Ordnung in die Umgebung zu bringen, ohne direkt zu bewerten. Der Ausgangspunkt für die quantitative Beschreibung der Welt waren ja Naturphänomene, wie Überschwemmungen, bei denen das Land plötzlich komplett unter Wasser stand. Floss irgendwann das Wasser wieder zurück, musste geklärt werden, wem nun welches Stück Land gehörte. Die Entwicklung der Mathematik hatte daher etwas mit *hydraulischen Gesellschaften* zu tun, die versuchten, den Wasserstand zu regeln, und zu diesen quantitativen Betrachtungen gehört eben die Mathematik. Damit führten diese Gesellschaften, ohne dass sie es bewusst angestrebt hätten, eine neue Form von Metaphysik in die Welt ein, zum Beispiel die Frage: Ist überall auf der Welt eins und eins zwei, gilt überall auf der Welt $(a + b)^2 = a^2 + 2ab + b^2$? Und wenn ja, warum? Entdecken wir das etwa in der Natur?

Diese quantitativen Erkenntnisse über die Welt bergen den großen Vorteil, dass die Welt wie in einer großangelegten Inventur betrachtet werden kann. Es wird gezählt und gemessen, was da ist. Durch diese Inventur der Welt verändert sich allerdings auch etwas. Irgendwann wird nicht mehr nur danach gefragt, was da ist, sondern wie das ist, was da ist, und in welcher Relation, in welcher Art von Wechselwirkung es zu einem anderen steht, das auch da ist. Und damit wird sie schon komplizierter, unsere liebe Quantität! Ein Wasserstoffatom beispielsweise ist leicht zu berechnen, aber betrachten wir das Wasserstoffatom in Gegenwart eines anderen Wasserstoffatoms, wird's schon anspruchsvoller. Denn das eine Wasserstoffatom reagiert auf das andere, und damit hat man eine Situation, die zwar auf den ersten Blick einfach ist, auf den zweiten aber viel komplizierter. Noch schwieriger wird es, wenn ein drittes Atom dazukommt, sagen wir ein Sauerstoffatom. Zwei Wasserstoffatome und ein Sauerstoffatom miteinander verbunden, das ist ein Wassermolekül. Die Quantenmechanik des Wassermoleküls gehört mit zum Kompliziertesten überhaupt. Denn wir wissen zwar alle, wie das Wassermolekül aufgebaut ist und funktioniert: Es ist so ein Molekül, auf der einen Seite ein bisschen negativ und auf der anderen Seite ein bisschen positiv, deswegen kann ein weiteres Wassermolekül an diesem Wassermolekül andocken. So entsteht aus zwei Gasen eine Flüssigkeit. Doch dass unter normalen Druck- und Temperaturbedingungen die Verbindung von zwei Gasen flüssig ist, gibt es sonst nirgendwo. Wenn Wasser »normal« wäre, dann müsste es bei minus 70 Grad Celsius verdampfen. Es verdampft aber erst bei plus 100 Grad Celsius. Diese Differenz hängt nur damit zusammen, dass dieses Molekül eben gerade so strukturiert ist, weil die Atome miteinander in einer besonderen Form verbunden sind, und das, obwohl es ja aus ganz einfachen Atomen besteht.

Verwirrt? Hoffentlich nicht. Das Beispiel sollte nämlich in erster Linie veranschaulichen: Ausgerechnet so etwas scheinbar Simples zeigt, dass auch in der Natur die Betrachtung von Quantitäten allein nicht ausreicht. Wir müssen noch genauer über den anderen Teil des Begriffspaares sprechen, über die Qualitäten, über die wirksamen Eigenschaften. Welche Eigenschaften ein Stoff hat, hängt nämlich nicht notwendig mit der Menge, also der Quantität zusammen. Trotzdem versuchen wir, auch Qualitäten zu quantifizieren, wir können ja nicht anders, und so landen wir schließlich bei einem System und stellen die Frage: Wie ist das mit dem Wasser im Großen und Ganzen in einem Erdsystem? Und auf dieser Ebene angelangt, wird auf einmal die Eigenschaft von Wasser, unter bestimmten Bedingungen zu gefrieren und eine weiße Oberfläche zu produzieren, für unseren Planeten von großer Bedeutung, weil weiße Oberflächen reflektieren. Plötzlich denkt man über Rückkopplungsprozesse nach und darüber, wie wichtig die Wolkenbildung für die Atmosphäre ist. Und schon ist aus dem Stoff Wasser ein wichtiger Bestandteil der ganzen Welt geworden, wichtig für die Eigenschaften des Lebens, der Atmosphäre und auch der Kühlung und Heizung. In diesen Überlegungen wird die gesamte Komplexität der Welt deutlich und ihre Verbundenheit, ihre Relationalität und die Abhängigkeit von Prozessen.

Die Komplexität unserer Welt basiert wesentlich auf den angedeuteten Beziehungen, Prozessen und Qualitäten in dem oben beschriebenen Sinn. Nun bezieht sich der Begriff der Qualität auch auf noch komplexere Dinge, wobei der Begriff »Ding« schon gar nicht mehr passt: Das Gute, das Wahre oder das Schöne, diese Qualitäten sind viel schwerer zu beschreiben, zu definieren oder gar zu messen. Qualitäten, die in dieser Weise aufgefasst als *Qualia* bezeichnet werden, entziehen sich einer rein quantitativen Beschreibung. Dieser Zusammenhang wird leicht klar, wenn man die verschiedenen Wissenschaften betrachtet: Die quantitativen, also empirischen Wissenschaften messen zum Beispiel den Anstieg der Zahl von Kranken in einer Gesellschaft. Die Geisteswissenschaften dagegen betrachten, wie diese Gesellschaft damit umgeht. Und die sogenannten Strukturwissenschaften beschäftigen sich erst mal per definitionem nur mit Strukturen, die nicht einmal existieren müssen. Dazu zählen die Mathematik und vor allem die Philosophie. Die Philosophie ist eine Strukturwissenschaft, die in der Lage ist, Fragen zu Themen zu stellen, die sich in der Welt selbst gar nicht vorfinden, die aber doch entscheidend sein können, und sei es nur die Frage: Was soll ich tun? Oder: Warum das alles?

Die Technik und eine rein quantitative Betrachtung der Welt können darauf keine Antwort geben. Interessanterweise wird der Qualitätsbegriff – er wird später noch einmal als Entwurf einer gesellschaftlichen Veränderung auftauchen – heute oft in Zusammenhang mit etwas gebracht, was im Grunde quantitativ ist: Wenn von Qualitätssicherung die Rede ist, wird gemessen, werden Statistiken erhoben, interessieren *Facts and Figures*. Es geht mehr um Berechenbarkeit, etwa darum, dass bei einem Schornstein immer die gleiche Menge von Schadstoffen herausgepustet wird. Die Qualität einer Maschine lässt nach, wenn ihre Leistung nachlässt, die Reproduzierbarkeitsrate sinkt oder die Produkte verschleißen schneller – weil die Maschine verschlissen ist. Qualität bedeutet hier Berechenbarkeit. »Qualitätssicherung« als Phänomen bezieht sich auch auf die Menge an Patientenbesuchen und die erbrachten Dienste einer Pflegekraft. Doch was hat das mit Qualität im Sinne von »gut«, schlecht oder gar »schön« zu tun? Das ist ja eher eine Perversion des Qualitätsbegriffes, weil hier Quantität Qualität zu definieren versucht. Es geht nicht um Zwischenmenschlichkeit, die schwer gemessen werden kann, sondern um die Darstellbarkeit von Prozessen und Zahlen und letztlich um Nachvollziehbarkeit, die selbst wieder gemessen wird, und zwar als geldwerte Leistung.

Technisierung kann gerade in der Pflege, aber auch in anderen Bereichen der Gesellschaft Erstaunliches bewirken. Wir kommen nicht ohne sie aus und auch nicht ohne technischen Fortschritt. Nur: Sobald Quantität die Dimension der Qualität, so wie sie hier geschildert wurde, ersetzen soll, beginnt der Technikwahn. Qualität als Zusammenspiel zweier Einzeldinge ist schon bei zwei Wasserstoffatomen eine komplexe Angelegenheit – wie sehr gilt das erst bei zwei Menschen? Oder einer Familie oder gar einer Gesellschaft? Komplex und vielfältig – aber das macht den Reiz und die Faszination von Qualitäten aus.

OHNE RESSOURCEN UND RESERVEN:

WIR BLEIBEN AUF DER STRECKE – UND DER ZAUBERSATZ DAGEGEN

Kürzlich sind wir wieder über einen Begriff gestolpert, der von vielen ganz entspannt verwendet wird, mittlerweile völlig gängig ist und doch deutlich mehr aussagt, als man gemeinhin annimmt. Der Begriff, um den es hier geht, heißt Streckengeschäft.

Der Begriff Streckengeschäft, im Fachjargon oft auch *Dropshipping-Prinzip* genannt, stammt eigentlich aus dem Bereich der Logistik, doch er reicht weit über dieses Gebiet hinaus. Das Prinzip dahinter ist simpel und schnell erklärt: Händler 1 erwirbt bei Händler 2, seinem Lieferanten, eine Ware. Allerdings bezieht Händler 1 die Ware nicht, um sie erst bei sich zu lagern und dann in einem zweiten Schritt an seinen Kunden weiterzugeben, also selbst zum Lieferanten zu werden. Dieser Schritt wird übersprungen. Der Kunde erhält durch die

Vermittlung von Händler 1 die Ware direkt von Händler 2, dem eigentlichen Lieferanten. Entscheidend dabei: Die Ware wird nicht auf Lager gelegt, sie verursacht keine direkten Lagerkosten, und auch die Lieferkosten fallen in der Regel geringer aus, weil eine der beiden Lieferstrecken wegfällt.

Das Streckengeschäft hat in den vergangenen Jahren vor allem durch Internetshops und Online-Plattformen an Bedeutung gewonnen. Viele solcher Shops leisten sich kein Lager mehr, sondern treten gleichsam nurmehr als Vermittler auf. Damit sinken einerseits ihre Risiken, andererseits aber auch die Kosten, die durch zusätzliche Transporte, vor allem aber durch Lagergebühren bzw. durch eigene Lagerräume entstehen würden. Man bestellt, was vom Kunden bestellt wird, und lässt es dann von anderen liefern. Wenn nichts bestellt wird, bestellt man selbst auch nichts.

Die ökonomischen Vorteile eines solchen Vorgehens liegen, so scheint es wenigstens, klar auf der Hand. Auch ökologische Vorteile könnten entstehen, werden doch Transportstrecken vermieden und damit Ressourcen oder Emissionen eingespart. Gespart wird zudem der Platz in den Lagern, sodass diese möglicherweise anderweitig, vielleicht sogar ökologisch oder auch sozial sinnvoll, also nachhaltig genutzt werden können. Andererseits kann das Streckengeschäft aber auch für Direktvermarkter oder regionale oder lokale Anbieter eine

Chance bedeuten: Sie haben dadurch die Möglichkeit, sich durch Kooperationen neue Märkte zu erschließen, ohne entsprechend in Marketing oder Logistik investieren zu müssen. Sie handeln ökologisch korrekt und stärken die lokal-regionale Wirtschaft.

Das Ende der Vorratskammer als großes Problem

Das klingt also nach einer großartigen Sache, dieses Streckengeschäft. Auf bestimmte Risiken und Probleme, juristische beispielsweise, soll an dieser Stelle kein Fokus gerichtet werden. Oder vielleicht doch? Denn was passiert eigentlich, wenn eine Ware beschädigt beim Kunden ankommt? Wer trägt die Verantwortung? Liegt die tatsächlich beim Verkäufer? Wieso eigentlich? Schließlich hatte er, also Händler 1, die Ware nie in der Hand oder auf Lager gehabt. Allerdings war er es, der den Kaufvertrag mit dem Käufer abgeschlossen hat. Im Normalfall müsste also Händler 1 haften. Oder doch nicht? Der Kunde jedenfalls hat das Problem, dass nicht festgestellt werden kann, an welcher Stelle der Lieferkette etwas schiefgelaufen ist.

Aber gut, solche Details sollen außen vor bleiben. Dass etwas im Argen liegt, lässt sich allein schon an einem Gesetz, besser an einem Gesetzvorhaben ablesen (Stand zur

Zeit des Abfassens dieses Buches), dem *Lieferkettengesetz*. Die Hysterie, die sich um dieses Gesetz rankt und etliche Politiker und Lobbyisten umtreibt, ist erstaunlich. Von Haftungsrisiken war die Rede, von bürokratischen Hürden und natürlich von drohenden Gewinneinbrüchen. Auch von ökologischen oder sozialen Standards, aber hier fiel die Lautstärke schon deutlich niedriger aus. Immerhin ließ sich die deutsche Umweltministerin mit der Einschätzung zitieren, dass »über den gesamten Produktionsweg noch immer zu viele Umweltbelastungen stattfinden«, daher müsse solch ein Gesetz »neben den Menschenrechten auch den Schutz der Umwelt abdecken«.

Hier geht es aber weniger um die Produktion in den Lieferketten als vielmehr um das Streckengeschäft an sich. Wichtiger als rechtliche Probleme erscheinen uns dabei die ökonomischen, vor allem aber die sozialen Folgen des Streckengeschäfts. Was das konkret heißt, konnten wir in der Corona-Krise erleben, aber natürlich auch schon zuvor. Denn was passiert zum Beispiel, wenn Händler 1 für ganz spezielle Waren plötzlich mit einer schier uferlosen Nachfrage konfrontiert wird? Solange Händler 2 (und Händler 3 und 4 – also die Lieferanten von Händler 1) ihrerseits genug von der Ware auf Lager haben und sich an die Verträge halten können, ist alles wunderbar. Ist das allerdings nicht der Fall, dann hat Händler 1 ein Problem: Er hat trotz hoher Nachfrage nichts zu verkaufen. Denn auf Lager lagert nichts. Schlimmer noch: Es gibt überhaupt kein Lager! Das hatte er ja gerade eingespart. So etwas kann im ungünstigsten Fall ökonomisch wie sozial richtig eng werden – und zwar für alle Beteiligten! Man sieht: Hier muss eine Wirtschaft, die Zukunft haben und ermöglichen soll, besser werden.

Denn das Prinzip gilt ja auch andersherum. In Zeiten, in denen Händler 1 der Meinung ist, nichts zu brauchen, wird er bei Händler 2 nichts beziehen. Was aber, wenn Händler 1 plötzlich darauf drängt, dass die Kapazitäten hochgefahren werden müssen, weil er, rosige Perspektiven erwartend und einen Boom witternd, mit aller Gewalt auf eine bestimmte Ware oder ein bestimmtes Produkt setzt? Händler 2 bleibt in dieser Situation gar nichts anderes übrig, als ebenfalls an den prognostizierten Boom zu glauben, er muss seine rosarote Brille aufsetzen und Händler 1 auf Gedeih und Verderb folgen, er muss investieren, Kapazitäten aufbauen – mit der Gefahr, dass beide irgendwann merken: Eine rosarote Brille eröffnet vielleicht rosige Aussichten, garantiert aber nicht immer den tatsächlichen Erfolg. Dann hat vor allem Händler 2 ein Problem, das möglicherweise noch größer ist als im andern Fall, weil er ja vorher zumeist nicht nur Händler 1 etwas angeboten hatte, sondern mehreren weiteren Händlern, die er nun angesichts des erhofften Booms nicht mehr beliefern konnte.

Das Streckengeschäft muss deshalb fein austariert sein. Es birgt Vorteile, aber eben auch Nachteile. Und das

Risiko besteht, dass vor allem kleine Händler darunter leiden und Gefahr laufen, unter die Räder zu geraten – diejenigen, die für Krisen wie der jetzigen nicht genügend auf Lager haben. Und nicht nur das Lager spielt eine Rolle, sondern vor allem die finanziellen Rücklagen. Früher bezeichnete man Lager und Rücklage als Vorrat. Dafür gab es einen eigenen Raum im Haus: die Vorratskammer oder den Vorratskeller. Am Fehlen der Vorratskammer wird ein Problem augenfällig, das nicht nur spezifisch für das Streckengeschäft ist, sondern sehr grundsätzlicher Natur. Wir kennen es unter dem sehr plastischen Begriff: »auf Kante genäht«. Heute ist alles auf Kante genäht. Eine Vorratskammer ist in unseren Häusern und Wohnungen nicht mehr vorgesehen, geschweige denn ein Vorratskeller. Nichts im oder auf Lager zu haben, das bedeutet, über keinen Vorrat zu verfügen. Ein voller Vorratskeller, das ist toll, wenn Wein darin altert oder Zigarren vor sich hinschlummern. Ansonsten sind die Vorratskeller in vielen Bereichen aus der Mode gekommen. Vorräte anlegen, das war einmal. Man lebt im Moment, holt sich jeden Tag alle benötigten Dinge oder bestellt über Nacht.

Nichts spricht dagegen, das Gemüse frisch vom Markt zu holen und damit den lokalen Handel zu stärken, im Gegenteil. Im übertragenen Sinne ist das Aus der Vorratskammer jedoch durchaus ein Problem. Früher gab es die Speis, die Speisekammer, es konnten ja mal schlechte Zeiten kommen. Ohne Speis keine Speise. Und was, wenn wir wirklich alles nur noch »just in time« wollen? Wenn alles »on point« sein muss, nicht nur das Fleisch oder unser Gemüse, sondern wirklich alles, auch Essenzielles?

Diese Frage wirft uns mit aller Wucht in die Gegenwart, denn unsere Gegenwart ist bestimmt von einem Leben allein im Moment – nicht in der Zukunft, erst recht nicht in der Vergangenheit. Wer sich an schlechte Zeiten erinnert, legt möglicherweise Vorräte für zukünftige Flauten oder Notsituationen an. Wer aber nur im Moment lebt, der lebt geschichtsvergessen und zukunftsblind. Für eine gewissen Zeit kann das funktionieren, und es hat den großen Vorteil, dass es den Moment so herrlich unbeschwert macht. Verschwunden sind all die lästigen Gedanken oder düsteren Erinnerungen. Man muss genießen und die Augenblicke auskosten, man muss auch im Hier und Jetzt leben können. Gerne wird in diesem Zusammenhang der Dalai Lama mit seinem berühmten Spruch zitiert: »Lebe dein Leben heute. Gestern ist vorbei. Und morgen noch nicht da.« Das ist nicht verkehrt. Aber angewandt auf eine ganze Gesellschaft funktioniert das nicht. Es kann nicht funktionieren. In der Corona-Krise haben wir die Abhängigkeiten des *Just-in-time-on-point-Diktums* mit aller Wucht wahrgenommen, wahrnehmen müssen. Das Agieren bestimmter Branchenriesen, nach deren Parametern sich entscheidet, was geliefert wird und was nicht, hat sowohl Produzenten als auch Konsumenten die ganze Abhängigkeitskeule einer auf Kante genähten Wirtschaftsordnung spüren lassen.

Das Vertrauen darauf, dass es eine *Mobilitätsgarantie* gibt, dass ich alles, was ich zum Leben brauche, *just in time* haben kann – und das heißt heute meistens innerhalb eines Tages –, ist ein Versprechen des Konsumismus und der Globalisierung, der neoliberalen Globalisierung aller Märkte. Dieses Versprechen wird durch radikales und tatsächlich globales Outsourcing gehalten. Durch ein Outsourcing in alle Welt – um Kosten zu sparen und effizienter zu werden. Aber damit diese Prozesse wie geschmiert laufen können, muss diese Maschinerie gut geölt sein. Doch jede Maschine benötigt auch einmal eine Wartung, jede Maschine ist irgendwann einmal so weit, dass sie nicht mehr funktioniert. Und dann? Wenn wir in solchen Momenten nicht sofort über einen entsprechenden Ersatz verfügen, kann ein Zustand eintreten, der völlig unberechenbar ist. Die Berechenbarkeit und Sicherheit des Streckengeschäfts und des *Just-in-time*-Versprechens sind – das lässt sich gerade in solchen Situationen erkennen – nur vorgegaukelt, die Unberechenbarkeit der Realität selbst kann nicht outgesourct werden.

In den Corona-Tagen haben wir diese Unberechenbarkeit und ihre Folgen am eigenen Leib zu spüren bekommen. Sehr viel war plötzlich überhaupt nicht mehr *just in time* da. Plötzlich waren viele Sachen nicht mehr vorrätig, und wir konnten sie nicht mehr innerhalb weniger Stunden beziehen. Die Mobilitätsgarantie wurde in ihrer ganzen Vorläufigkeit und Zerbrechlichkeit entlarvt. Zugleich mussten wir ein anderes Phänomen erleben, das Gegenteil des vernünftigen Lagerns: Hamsterkäufe. Hamsterkäufe als Ausdruck von Angst und Egoismus, das Toilettenpapier als Sinnbild der Krise. Wer sich das Bad mit Toilettenpapier vollknallt und sich auch noch darüber freut, der Oma oder der alleinerziehenden Mutter die letzte Packung weggeschnappt zu haben, der hat von dem richtigen und wichtigen Anlegen eines Vorrats nichts kapiert. Wer nur die Gleichung *Vorrat = Vorteil* kennt – womit natürlich der eigene Vorteil gemeint ist –, der vergeht sich am gemeinsamen Vorrat, der stiehlt gewissermaßen aus der gesellschaftlichen Vorratskammer.

Ein etwas weiterführender Gedanke am Rande: Der Vorratsbegriff ist anlässlich des Themas Vorratsdatenspeicherung in letzter Zeit immer wieder Bestandteil erhitzter Debatten gewesen. Ohne darauf im Detail eingehen zu wollen, zeigt sich hier bei missbräuchlichem Einsatz eine strukturelle Ähnlichkeit: Daten oder Toilettenpapier ohne Sinn und Verstand anzuhäufen, das ist Hamstern. Dadurch schadet man anderen und erreicht eben gerade nicht das Anlegen von Vorräten im oben beschriebenen Sinne. Nachhaltiges und achtsames

Sammeln von Vorräten bezieht immer den Zweck, die Verhältnismäßigkeit, das Umfeld und die Konsequenzen mit ein.

Vorräte anzulegen oder auch nur darauf zu achten, genug von allem Lebensnotwendigen zu haben, ohne zu hamstern, das bedeutet, Reserven zu schaffen. Das ist entscheidend, sowohl ökonomisch wie ökologisch. In Großstädten, in denen die Gehälter zwar hoch, die Mieten und Lebenshaltungskosten aber noch höher sind, wird es zunehmend schwieriger, Reserven anzulegen. Wer durch München oder Hamburg schlendert, wird sich vermutlich nicht nur einmal fragen, wie es die kleinen Boutiquen, Bars oder Restaurants überhaupt schaffen, zu überleben – sie scheinen gar keine Vorratsräume oder Lager zu haben. Reserven für das Alter oder auch nur für eine Krisensituation anzulegen, das ist für viele unmöglich. In der Corona-Krise haben wir das mit der Wucht und Dramatik der uns alle berührenden Bilder erlebt. Besonders erschreckend die Berichte aus Bergamo, überhaupt die Bilder aus Italien, später aus den USA, dem Kernland unserer modernen Wirtschaftsordnung. Hier wie dort waren keine Reserven vorhanden, und wenn doch, dann waren sie nach kürzester Zeit aufgebraucht. Wie bei einem Läufer, der plötzlich eine Temposchärfung mitgehen muss, aber keine Kraftreserven mehr hat. Wenn er es dennoch probiert, kollabiert er möglicherweise, auf jeden Fall bleibt er zurück. Das ist, was wir in einer Gesellschaft ohne Reserven erleben. In einer Gesellschaft ohne Reserven locken in der Krise einige wenige alle anderen aus der Reserve.

Ein Zaubersatz und die Kultur der Abschreibung

Reserven anzulegen bedeutet auch, einen Blick für Ressourcen zu entwickeln. Wir müssen wissen, was wir haben, wie viel wir verbrauchen können und was wir möglicherweise nicht mehr bekommen. Das gilt für das eigene Bankkonto genauso wie für natürliche Rohstoffe. Ein Beispiel: Die Deutschen verbrauchen je nach Berechnung pro Tag und pro Haushalt ungefähr siebzehn Kilowattstunden Strom. Wer zehn Stunden am Tag geradelt ist, hat damit gerade mal eine Kilowattstunde produziert. Das heißt, jeder von uns braucht jeden Tag noch einmal 16 andere Menschen, die für ihn die Kilowattstunden bereitstellen, die er verbraucht. Auf unsere Welt angewandt stammen diese 16 anderen Personen, deren zehnstündige körperliche Energie wir verbrauchen, vorwiegend aus jenen Regionen, die deutlich weniger verbrauchen. Je höher das Bruttosozialprodukt eines Landes ist, desto höher ist auch sein Energieverbrauch. Das scheint eine banale Feststellung zu sein. Aber: Die Länder mit hohem Bruttosozialprodukt instrumentalisieren, man könnte sogar sagen, sie zwingen noch immer die ärmeren Länder unter ihre »Führung«. Und zwar aufgrund genau derjenigen hochenergetischen Technologien, die sie in ihren hochtechnisierten Gesellschaften Tag für Tag nutzen. Die Energie ist ja da. Woher sie kommt, fragen die wenigsten.

Wir leben, als gäbe es kein Morgen. »Wir versaufen unser Oma ihr klein Häuschen und die erste und die zweite Hypothek«, so der Refrain eines Liedes aus den 1920er-Jahren, das man mittlerweile zumeist in angetrunkener Runde und eher schlecht intoniert zu hören bekommt. Just-in-time-Konzepte sind etwas für Betrunkene, nüchtern betrachtet sind sie Sklavenkonzepte. Die Vorstellung, öffentlich finanzierte Infrastruktur bis über ihre Belastungsgrenzen hinweg für den privaten Dauertransport zu nutzen, der nichts anderes ist als ein von allen geduldetes mobiles Lager auf öffentlichen Plätzen und Straßen, ist nachgerade abenteuerlich. Wir haben uns aber so daran gewöhnt, dass die Ökonomie, die sogenannte freie Wirtschaft, einfach so frei ist und sich die Freiheit nimmt, alles für ihre Zwecke zu nutzen, dass es niemandem mehr auffällt. Im Gegenteil: Wer in einer Runde einmal beginnt, solche katastrophalen Entwicklungen zu thematisieren, trifft oft gerade bei Angestellten und Arbeitern auf Gegenargumente, die von ausgesprochen unternehmerischem Denken geprägt sind. Und das ist merkwürdig, denn gerade diejenigen, die ausgenutzt und ausgenommen werden – schließlich sind es ihre monatlich abgezogenen Lohn- und Einkommensteuern, die dazu verwendet werden, öffentliche Infrastrukturen zu finanzieren –, gerade diejenigen nehmen die Position der Unternehmen ein. Ausgerechnet sie verteidigen diese merkwürdige Logik, Kosten zu sozialisieren und Gewinne zu individualisieren. Etwas Besseres kann den Giganten der Globalisierung gar nicht passieren.

Und dort, woher wir die Rohstoffe zu uns holen, dort fehlen materielle Reserven und Ressourcen. Diese Länder verkommen zu reinen Lieferanten von Grundstoffen, ihre Entwicklungsmöglichkeiten werden durch unseren Hunger nach Rohstoffen nicht etwa gefördert, sie werden eingeschränkt. Das gilt auch und vor allem beim Thema Energie. Wir reißen alles an Reserven und Ressourcen an uns. Wir tun so, als ob es überhaupt keine Nachschubprobleme gäbe, als wären die Reserven unerschöpflich.

Die Jagd nach Ressourcen war schon immer einer der Hauptantriebe menschlichen Handelns und Strebens, und sie wird es vermutlich immer bleiben. Diese Ressourcen können direkt als Rohstoffe von Bedeutung sein, sie können aber auch auf verschiedenen Ebenen und in unterschiedlichsten Dimensionen eine Rolle spielen. Wer beispielsweise Flüsse kontrolliert, entscheidet nicht nur über die Wasserversorgung ganzer Länder, sondern auch über Verkehrswege und eben auch über Energiegewinnung. Energie, besonders elektrische Energie als die am besten, weil sehr unterschiedlich verwendbare Form von Energie, wird nach wie vor in hohem Maß aus endlichen Ressourcen erzeugt. Und solange das so ist, solange Energie nicht zu hundert Prozent aus erneuerbaren Quellen (Sonne, Wasser, Wind etc.) gewonnen wird, verschärfen wir ein eminent wichtiges Problem. Denn wie es das Beispiel des Wassers zeigt: Die Frage der Energiegewinnung ist nicht nur ein technisches, ökonomisches und ökologisches Thema, sondern auch ein zutiefst politisches und soziales. Die Frage nach der Energie ist immer eine Frage der sozialen Gerechtigkeit innerhalb und zwischen Staaten.

Energie kann gespeichert werden, und über Energiereserven verfügen nicht nur Sportler, sondern auch Länder und Gesellschaften und vor allem unsere Erde als Ganze. Aber diese Reserven müssen häufig über weite Strecken hinweg transportiert werden. Dieser Transport verschlingt dann selbst wieder Energie und Ressourcen. Energie und die Abhängigkeit von ihr verdeutlichen in hohem Maße, was das Problematische einer Streckengeschäftsmentalität sein kann. Denn eine Gesellschaft, die Energie in erster Linie von außen bezieht – im wörtlichen wie im übertragenen Sinne –, ist vom regelmäßigen und verlässlichen Nachschub abhängig. Bleibt der Nachschub aus, kommt es auf die Reserven an, die man angelegt hat. Gehen die zur Neige, hat man ein Problem – und andere auch. Denn dann müssen andere Wege erschlossen werden. Gerne auch mit Gewalt, wenn es anders nicht geht. Ressourcenknappheit ist eben nicht nur der Anfang effizienten und effektiven Wirtschaftens, sondern auch die Mutter aller Kriege. Deswegen hat unser gegenwärtiges Wirtschaftssystem etwas Gewalttätiges an sich. Wer keine Vorräte anlegt und nicht auf Reserve schalten kann, der wird aggressiv.

In diesem Zusammenhang ist ein weiterer banaler Satz von zentraler Bedeutung: Die Erde ist ein endliches System. Die Erde ist eine Kugel mit einem endlichen Radius, den wir ziemlich genau kennen, mit einer endlichen Menge von Rohstoffen, die immer weiter abnimmt. Die Rohstoffe werden weniger, weil wir zu Beginn der Industrialisierung nicht von vornherein angefangen haben, in Recyclingkreisläufe einzusteigen, obwohl alles Wirtschaften vor der Industrialisierung genau so verlaufen ist. Das, was wir seit einigen Jahrzehnten mit dem Begriff der Nachhaltigkeit bezeichnen, ist ja keine Erfindung des späten 20. Jahrhunderts, sondern prägte über Jahrhunderte, wenn nicht über Jahrtausende den Umgang des Menschen mit den natürlichen Ressourcen: Man sollte nur so viel von ihnen verbrauchen, wie wieder nachwachsen konnte.

Noch im 19. Jahrhundert waren die Frauen und Männer schlau genug, zu wissen: Alles, was wir verbrauchen und nicht wieder zurückführen, das ist weg. Und ausgerechnet in diesem 19. Jahrhundert wurde der zweite Hauptsatz der Thermodynamik entdeckt, der vereinfacht aussagt: Wenn du ein System allein lässt, wächst die Unordnung darin. Das heißt also, es wird schwieriger und schwieriger, aus den Abfällen, die wir durch Produktionsprozesse aller Art erzeugen, die Materialien wieder herauszulösen und voneinander zu isolieren, um sie dann wieder neu verwenden zu können. Und das bedeutet in der Konsequenz, dass wir immer mehr Energie benötigen, um die Unordnung zu beseitigen und die Ordnung im System aufrechtzuerhalten. Der zweite Hauptsatz der Thermodynamik könnte also ein wahrer Zaubersatz sein, der uns dabei hilft, nicht auf der Strecke zu bleiben. Wenn wir wollen, dass unser System in Ordnung bleibt, dann müssen wir schnell und konsequent handeln. Wir müssen endlich all unsere Anstrengung darauf richten, durch unseren ungesteuerten Ressourcenverbrauch nicht unser ganzes Ökosystem in immer größere Unordnung zu bringen und es damit derart zu destabilisieren, dass essenzielle Bedingungen für unser Weiterleben in höchste Gefahr geraten. Der Klimawandel ist nur ein Menetekel, das allerdings schon lange an all unseren Wänden zu finden ist. Um es einmal klar und unmissverständlich in Zahlen auszudrücken: Von unserem gesamten Energieverbrauch stammt gerade einmal ein Sechstel aus erneuerbaren Energiequellen. Wir verfahren, verheizen und verwandeln nach wie vor hauptsächlich fossile Ressourcen. Angesichts dieses Befundes von einer Energiewende zu sprechen, ist schon fast zynisch!

Eine kurze Anmerkung, um Missverständnisse zu vermeiden: Physikalische Begrifflichkeiten sollten nie auf das Leben eines Menschen übertragen werden. Niemals! Auf ein natürliches System lassen sie sich übertragen, das ist zulässig, wobei man unter einem natürlichen System ein System versteht, das bestimmten Prinzipien folgt, etwa wenn wir sagen, dass eine Pflanze oder ein Tier nicht sterben will – wobei der Begriff des Wollens bereits anthropomorphe Züge trägt. Bei Menschen allerdings finden wir eine ganz andere Komplexität vor, eine andere Komplexität von Zweck- und Zielorientierung, von Intentionalität. Wenn sich also ein Physikstudent im vierten oder fünften Semester mit der Thermodynamik zu beschäftigen beginnt, wenn er also die Nichtgleichgewichtsthermodynamik kennenlernt und dann versucht, diese Art von Nichtlinearität auf seine Beziehung zu Hause anzuwenden, dann Prost Mahlzeit! Seine Freundin oder seinen Freund als komplexes System zu behandeln, aber nicht nach menschlichen, sondern mathematischen und physikalischen Prinzipien, das wird nicht gutgehen, zum Glück! Der Mensch entzieht sich in seiner Unberechenbarkeit diesen Prinzipien, und deshalb müssen, wenn wir vom Menschen sprechen, Begriffe aus anderen Disziplinen mit größter Vorsicht verwendet werden, um Analogien und Übertragungen zu vermeiden, die der Einzigartigkeit und Individualität des Menschen nicht gerecht werden.

Aber zurück zur Ordnung, zum Sparen, zur Bescheidenheit oder Selbstbescheidung: Ist unser eben formulierter Ordnungsruf denn tatsächlich so miesepetrig und moralinsauer, wie er manchmal verstanden wird? Überhaupt nicht! So wie wir später das »Lob der Grenze« anstimmen wollen, singen wir jetzt das »Lob des Vorrats«. Nachhaltigkeit bedeutet, Vorräte anzulegen, und zwar durch bewusstes Produzieren, durch achtsames Konsumieren, durch sorgfältiges Verbrauchen. Achtsamkeit für das zu entwickeln, was wir auf Vorrat legen, das ist nachhaltig, egal ob in der Wirtschaft oder in der Politik. Wer nachhaltig agiert, hat Vorbehalte gegen das Auf-Kante-Nähen. Mehr noch: Nachhaltigkeit ist Achtsamkeit gegenüber uns und unseren Kindern und Kindeskindern. Und auch im übertragenen, im existenziellen Sinn brauchen wir Vorräte und Speisekammern. Ohne innerliche Vorräte wird es schnell kalt und einsam, ohne sie kommen wir uns bald so vor wie ein Kühlschrank ohne Inhalt, gähnend leer, wir fühlen uns unbewohnt, wie es Herbert Grönemeyer so treffend in einem Lied beschreibt. Existenzielle und innerliche Streckengeschäfte machen uns abhängig von stetiger Belieferung, davon, dass immer Nachschub da ist.

Was aber, wenn der Nachschub ausbleibt? Wenn niemand an der Wohnungstür klingelt, um den nächsten Eilauftrag abzugeben? Dann bleibt die Speisekammer leer und die innere Küche kalt. Und wir haben zukünftigen

Generationen nichts aufgehoben. Wo keine Vorratskammer mehr da ist oder wo sie leer bleibt, hungert man aus. Das gilt für uns, es gilt aber auch für unsere Gesellschaft. Unser Wirtschaftsmodell macht uns nimmersatt und ewig hungrig. Deswegen kann eine übertriebene Streckengeschäftsmentalität auch auf unser inneres Leben übertragen werden. Wenn wir mit unseren Kindern nicht so umgehen, dass sie innere Energiereserven bilden, werden sie auf eine stete Zufuhr von außen angewiesen sein. Wer sich keine inneren, wer sich keine spirituellen Vorräte anlegt, kann in einer Krise schnell leer und hohl dastehen. Solche inneren Ressourcen sind Zuneigung, Aufmerksamkeit, Respekt, Liebe und viele andere mehr. Wir können sie auch Werte nennen, und sie müssen in unsere menschlichen Beziehungen und letztlich auch in unsere Seelen eingelagert werden.

Der Gedanke hinter dem Streckengeschäft ist der, dass Dinge, die auf Lager liegen und sich nicht verkaufen lassen, abgeschrieben werden müssen. Sie sind nichts mehr wert, haben keinen Wert, sind wertlos. Eine Kultur der Abschreibung ist die fatale Folge einer übertriebenen Streckengeschäftsmentalität, und das gilt auch auf die existenzielle Ebene bezogen. Es entsteht eine »Kultur« der Wertlosigkeit. Was nicht unmittelbar konsumiert werden kann, ist wert- und bedeutungslos. Kein Wunder, dass in einer solchen Sichtweise alle Dimensionen unseres Lebens ökonomisiert werden. Wer nichts mehr leistet, verliert seinen gesellschaftlichen Wert und wird abgeschrieben. Eine Gesellschaft, die wie ein Streckengeschäft funktioniert, erkennt keinen Sinn in der Bildung von Reserven. Vorratshaltung gilt ihr als ineffizient und zwecklos.

Gerade der Bildungssektor, in dem das Sammeln, das »Lagern« von immateriellen Dingen – Wissen und Erkenntnissen – essenziell ist, wird von einer Kultur der *Abschreibung* bedroht. Was nicht sofort gefragt wird, taugt nichts und wird abgeschrieben. Dabei ist gerade die Zweckfreiheit wissenschaftlichen Denkens und Forschens Grundlage menschlichen und kulturellen Fortschritts. Kultur ist von allem Anfang an geradezu untrennbar mit dem Anlegen von Wissensvorräten, mit dem Vorhalten von Erkenntnisreserven verbunden. Zwar ändert sich unser Wissen stetig. Dinge, die früher als unumstößliche Wahrheiten angesehen wurden, sind heutzutage lange als falsch entlarvt, sie sind falsifiziert, wie man das im wissenschaftlichen Jargon nennen würde. Das ändert aber nichts an dem Umstand, dass nur durch das Ansammeln von Erkenntnis, durch die »Lagerung« angesammelten menschlichen Wissens neue wissenschaftliche Ergebnisse gewonnen und damit letztlich auch Zukunft erschlossen werden kann. Das geht aber nicht »on point«! Auch wenn sich die Weise des Zugangs zu dem gesammelten Wissensvorrat der Menschheit verändert und man die Bestände ganzer Bibliotheken online zugänglich gemacht hat, ist damit noch lange nicht gesagt, dass neue Erkenntnisse nun gleichsam automatisch und jederzeit entstehen werden. Vor allen Dingen gibt es nicht den einen effektiven und effizienten Weg der Wissensorganisation und auch nicht den einen allein richtigen Weg der Wissensvermittlung. Ein wissenschaftliches Streckengeschäft führt nicht zu mehr Ergebnissen, sondern eher dazu, dass immer mehr abgeschrieben wird – und zwar im doppelten Wortsinn. Selten wurden mit so viel Verve Plagiate verfertigt wie heute. Das hat sicherlich zahlreiche sehr unterschiedliche Gründe. Aber dort, wo die Freiheit von Lehre und Forschung als ineffizient und als Relikt einer Kultur angesehen wird, der es darum ging, Wissen allein im und für den gelehrten Elfenbeinturm ohne praktische Anwendungsrelevanz zu sammeln, da will man auch im Blick auf den wissenschaftlichen Output sofortige Ergebnisse sehen – und alles andere wird abgeschrieben.

Diese totale Konzentration auf das Unmittelbare ist ja letztlich nichts anderes als der Zwang zur totalen Kontrolle. Wer nichts mehr offen lässt und keine überraschenden Neuigkeiten mehr erwartet, der will nur das ewig Selbe. Der perfekte Determinismus einer perfekten Maschine, die vollständige Berechenbarkeit, so sieht das Ideal solcher Leute aus. Dabei verweisen die wissenschaftlichen Erkenntnisse doch gerade auf das Unberechenbare der komplexen Systeme. Gerade die von der ökonomischen

Globalisierung initiierte Entwicklung treibt die Netze und Ketten der Gesellschaft und Wirtschaft in immer tiefere Komplexitäten. Komplexe Systeme hängen aber äußerst sensibel von Anfangs- und Randbedingungen ab. Ein bisschen Änderung, und schon passiert Unvorhersehbares. Wer also Wissenschaft und Forschung auf pure Anwendung reduziert, der raubt ihr die Fähigkeit, Möglichkeiten und Optionen für die noch unklare Zukunft zu entwickeln. Was wollen wir denn dann noch von Universitäten und Forschungslaboratorien? Sie wären quasi in ihrer zentralen Fähigkeit kastriert. Ein Lob der Offenheit auch hier!

Ach, bevor wir es vergessen: Diese geforderte Offenheit und eine möglichst große Vielfalt bilden laut den Erkenntnissen modernster Systemtheorien nachgerade die Zauberformel für die Widerstandsfähigkeit eines Systems gegen äußeren Stress, man spricht von Resilienz. Gerade eine lockere Bindung möglichst vieler Beteiligter gilt als die Grundlage für eine gedeihliche Zukunft der uns nachfolgenden Generationen. Je mehr Speicher und Reserven ein System besitzt, umso eher kann es verhältnismäßig reagieren und sich an neue Umstände anpassen und sich weiterentwickeln. Von der Natur lernen heißt überleben lernen!

Haben wir den Mut, Vorräte anzulegen und anderen dabei zu helfen, Reserven zu bilden. Kümmern wir uns um unsere innere Speisekammer und halten wir sie gut gefüllt. Leben wir nicht nur just in time, sondern auch darüber hinaus und in andere Dimensionen hinein. Leben wir global und lokal und ziehen wir die Vorteile aus einem fein austarierten und fair ausbalancierten Streckengeschäft, das nichts Schlechtes an sich ist. Doch machen wir uns nicht zu Sklaven einer totalen Streckengeschäftsmentalität und Abschreibungskultur. Trauen wir uns zu, Dinge auf unser Lager zu legen. Vielleicht mögen sie nicht sofort der Renner sein, vielleicht wird die große Nachfrage zunächst ausbleiben. Doch oft sind gerade sie es, die uns dann helfen und nützen, wenn sich das Leben in seiner ganzen Unberechenbarkeit zeigt. In Krisen, vor allem aber auch in der Unberechenbarkeit, die Freiheit und Individualität bedeutet.

Hannah Arendt hat es einmal auf den Punkt gebracht: Freiheit hat Kontingenz zur Voraussetzung. Kontingent ist etwas, das auch anders sein könnte, das verschiedene Möglichkeiten bietet, Varianten und Optionen. Nur dann, wenn etwas nicht monoton, immer gleich bleibt, nur dann, wenn Monokulturen durch Vielfalt und Variabilität ersetzt werden, gibt es Freiheit. Aber dafür braucht es eben Spielräume. Nicht ohne Grund hat der Nobelpreisträger Manfred Eigen eines seiner wichtigsten Bücher zur Entstehung des Lebens »Das Spiel« genannt. Leben ist ein Dauerspiel, immer wieder treten zumeist nur leicht geänderte Varianten auf. Sind sie im Umgang mit den Bedingungen um sie herum besser, dann werden sie sich durchsetzen, aber immer nur auf Widerruf. Leben ist keine Revolution, sondern eine sehr erfolgreiche Dauerreform, getestet an der Wirklichkeit. Und auch hier, beim Phänomen Leben, gibt es ein Geheimnis, nämlich das der Sicherung durch Reserven und Speicher. Wäre das Leben ein Streckengeschäft, bliebe es auf der Strecke.

FRANKLINS URSÜNDE:

WAS NADOLNY BESSER WUSSTE

Der vielleicht erfolgreichste Ratgeber aller Zeiten erschien 1937 in den USA und avancierte seitdem für unzählige Generationen zur Karriere-Bibel schlechthin. Das galt nicht nur für Banker, Makler oder alle mögliche Arten von Unternehmern, sondern auch für Sportler. So überreichte zum Beispiel DFB-Direktor Oliver Bierhoff einmal jedem Nationalmannschaftskicker ein Exemplar davon. *Think and Grow Rich* versprach Napoleon Hill, während die *Great Depression* abzuklingen begann – und seine dreizehn Prinzipien werden bis heute von Anhängern nachgebetet wie Suren oder Psalmen. Darunter finden sich »Weisheiten« wie: »Nie ist eine lange Zeit!«, »Die Zeiten ändern sich!«, »Das Geld hat schon die ganze Zeit auf dich gewartet!« Weisheiten mit Ausrufezeichen. Das Prinzip hinter diesen Prinzipien, das Erfolgsprinzip par excellence, ist ziemlich simpel: Inspiriert und beauftragt von Andrew Carnegie, dem damals reichsten Mann der Welt, interviewte Napoleon Hill im Jahr 1908 mehr als fünfhundert der erfolgreichsten US-Amerikaner seiner Zeit – alles Männer natürlich. Erfolgreich zu sein bedeutete nach Carnegies Definition wirtschaftlich erfolgreich zu sein, also reich.

In dieser Karriere-Erfolg-Reichtum-Bibel findet man unter anderem einen Fragebogen zur persönlichen Bestandsaufnahme. 28 Fragen sollen beantwortet werden, und zwar immer einmal im Jahr, denn das sei »unabdingbar«, um die »eigene Leistung effektiv vermarkten« zu können. Die erste Frage dreht sich um das Jahresziel, das man sich selbstverständlich gesetzt hat und das Teil des »Hauptlebensziels« ist. Danach wird nach der persönlichen Bestleistung gefragt, aber auch nach Teamorientierung und der charakterlichen Entwicklung. Bei Punkt 19 geht es schließlich um pures Geld, d. h. um Zeit, genauso bei den folgenden Punkten. Frage 20 bringt es dabei wirklich auf den Punkt: »Wie viel Zeit habe ich unrentablen Aktivitäten gewidmet und hätte sie sinnvoller nutzen können?« Später wird schließlich noch detaillierter nachgeforscht, zum Beispiel: »Wie viel Zeit widmen Sie in 24 Stunden [...] der absoluten Zeitverschwendung?« Und selbst der Bekanntenkreis wird analysiert, wenn danach geforscht wird, wer am meisten aufbaut und am meisten ausbremst.

Nichts gegen Persönlichkeitserforschung, nichts gegen mehr Effizienz und Effektivität, nichts gegen Erfolg. Doch der Umgang mit der Zeit ist in diesem Zusammenhang ebenso spannend wie verräterisch. Zeit ist ein Gut, eine Ressource und nach Napoleon Hill – und vielen anderen – in erster Linie in Bezug auf Gewinnmaximierung, persönlichen Gewinn, zu betrachten. Ironischerweise gab einer unter den damals interviewten Unternehmern nur spärlich oder gar keine Auskunft, seine Angestellten mussten herhalten: Henry Ford, der berühmt wurde mit dem Satz: »Der größte Feind der Qualität ist die Eile.« Ein Satz, den man dem Fließband-Pionier eigentlich nicht zugetraut hätte; eher würde man ihn in Verbindung bringen mit einem anderen Diktum, formuliert von keinem Geringeren als Benjamin Franklin. Es lautet schlicht: »Time is money« – »Zeit ist Geld«.

Die drei simplen Worte, abgedruckt in *Advice to a Young Tradesman*, sind in das kollektive Gedächtnis der Menschheit eingegangen, sie haben die Geschichte geprägt und Geschichte geschrieben. Selten bringt ein so kurzer und einfacher Satz eine ganze Mentalität derart prägnant zum Ausdruck. Zeit ist Geld, und wer Zeit verschwendet, verschwendet Geld. Sein eigenes oder das seiner Kollegen, seiner Arbeitgeber, der Gesellschaft. Zeit zu verschwenden wird dadurch zu einem Vergehen an der Allgemeinheit.

Die Schönheit der Geschwindigkeit und die Maschinisierung der Welt

Was genau unter Zeitverschwendung zu verstehen ist, sei hier erst einmal dahingestellt, am Ende des Buches wird diese Thematik wiederkehren. Der Druck, der durch das Franklin'sche Gebot aufgebaut wird, ob nun individuell oder kollektiv, ist enorm. Und er drückt sich durch verschiedene Begriffe aus, die gleich Damoklesschwertern als Qualitätsurteile über uns hängen: Am besten reagiert man in *Echtzeit*, selbstverständlich ist man *multitasking*, Projekte laufen *parallel* ab.

Ausdruck des Franklin'schen Diktums, von Multitasking und Echtzeit ist eine deutliche Beschleunigung, die wir spätestens seit dem 19. Jahrhundert erleben und die hinreichend beschrieben worden ist. Sie wird kollektiv und individuell erfahren und manifestiert sich in subjektiven und objektiven Kategorien. Zu Beginn des 20. Jahrhunderts fasste der italienische Schriftsteller Filippo Tommaso Marinetti die Erfahrung, die man durch technische Neuerungen im vorherigen Jahrhundert gemacht hatte, in einem berühmten Satz zusammen: »Wir erklären, dass sich die Herrlichkeit der Welt um eine neue Schönheit bereichert hat: die Schönheit der Geschwindigkeit.« Der Satz stammt aus seinem *Futuristischen Manifest* von 1909, in dem Marinetti die denkerischen

Grundlagen für die Bewegung des Futurismus formulierte. Allerdings wurde er mit seinen radikalen Thesen zur Zerstörung bestehender Ordnungen in zahlreichen unrühmlichen Kontexten zitiert und verwendet, nicht zuletzt fand er Wiederhall bei den italienischen Faschisten, die Marinetti zu unterstützen versuchte. Auch sein Satz über die Geschwindigkeit stellte sich als ambivalent heraus; die Geschwindigkeit hat sich in vielen Bereichen als weniger schön erwiesen.

Die Beschleunigung ist direkt verbunden mit zwei weiteren einschneidenden Phänomenen, der Maschinisierung der Welt und dem Gebot des Wachstums: Mehr Schiffe und mehr Flugzeuge, mehr Straßen und mehr Gleise, mehr Autos sowieso. Die Zahl der Maschinen, die wir nutzen, um schneller voranzukommen, ist seit ihrer jeweiligen Einführung weltweit massiv gewachsen. Die Maschinen haben sich über den gesamten Globus ausgebreitet, nur wenige Orte sind davon ausgenommen. Und mit den Maschinen hat die Möglichkeit der kollektiven und individuellen Beschleunigung immer mehr zugenommen – und damit die Schnelligkeit in der Welt. Zu den subjektiven Erfahrungen von Beschleunigung und Schnelligkeit gehören, wenn man es so ausdrücken will, die Instrumente der Echtzeit. Diese Instrumente bieten uns die Möglichkeit, Zeit und Raum zu überbrücken. Videocalls über Tausende von Kilometern und etliche Zeitzonen hinweg scheinen tatsächlich die

Erfahrung von Gleichzeitigkeit zu erzeugen – besonders, wenn man parallel dazu eine E-Mail beantwortet und im Chat mit Freunden kommuniziert. Wie viele Paralleluniversen an einem einzigen Arbeitsplatz in irgendeinem Büro aufgebaut werden, und zwar tagtäglich, ist gigantisch. Nur: Wer alles parallel macht, macht nichts auf den Punkt. Wer nur noch Multitasking betreibt und multifunktionell lebt, lebt immer weniger im Gespräch mit einer Person oder mit sich selbst. Er mutiert zum existenziellen Tausendsassa und ist kaum noch ganz bei sich. Wir wissen ja selbst, wie nervig und unbefriedigend das sein kann, wenn der Gesprächspartner statt in unsere Augen auf sein Smartphone blickt und wenn die Freundin lieber den Nachrichten des sozialen Netzwerks folgt als den Neuigkeiten aus unserem Leben. Gerade bei einem Videocall erleben wir das ganze Dilemma des Multitaskings: dieses komische Gefühl, die Unsicherheit, ob der andere nun wirklich zusieht und zuhört oder doch mit seinen Händen auf der Tastatur hämmert – ganz besonders dann, wenn Kamera oder Mikrofon ausgeschaltet sind. Man ist dann *muted*, also stumm. Was in der normalen Konversation wichtig ist – mal ruhig zu sein oder die Klappe zu halten –, kann hier, anstatt von Aufmerksamkeit zu zeugen, den Verdacht erwecken, dass man selbst labert, bis die Luft wackelt und die Daten überfließen, der andere aber ganz woanders ist. Das kann dazu führen, dass wichtige Informationen untergehen.

Es kann aber auch kränken und das, was die digitale Kommunikation als großen Vorteil gebracht hat, die Möglichkeit nämlich, Raum und Zeit zu überbrücken, ad absurdum führen.

Die Möglichkeiten der digitalen Kommunikation, die Perspektiven, die sich durch schnellere und effizientere Transportmittel eröffnen und die auch Nichtprivilegierten zugutekommen, sind wichtige Errungenschaften, nicht zuletzt auch für die Demokratie. Die Frage nach dem richtigen Maß ist deshalb eine ethische und eine grundlegend anthropologische: Wie schnell oder wie langsam ist, lebt, spricht, denkt, fühlt der Mensch? Oder ganz schlicht: Was ist der Mensch?

Die Schönheit der Schnelligkeit und die Möglichkeiten der Beschleunigung sind für den Menschen übrigens alles andere als neu und keine Errungenschaft der Moderne, auch wenn Marinetti das plakativ behauptet hat. Wer in alten Beschreibungen die Schwärmereien über rasende Pferdereiter oder zischende Katapulte liest, der spürt die Faszination, die die Schnelligkeit schon immer auf den Menschen ausgeübt hat. Doch das ungezügelte Ausmaß und die alles umfassende Bedeutung der Schnelligkeit ist in der Tat zum Inbegriff der Moderne geworden. Der Mensch ist eigentlich ein Lebewesen, das selbst in Bestform hundert Meter in zehn Sekunden oder etwas weniger laufen kann. Aber nur für kurze Zeit – und selbst das ist den meisten von uns nicht vergönnt. Wenn wir es hochrechnen, bedeutet es eine Geschwindigkeit von knapp vierzig Kilometern in der Stunde, aber eben nur für zehn Sekunden. Wir sind als Kilogramm-Meter-Sekunde-Wesen auf eine bestimmte Höchstgeschwindigkeitswelt eingestellt, und wir müssen neidisch anerkennen, dass schon ein Känguru mehr Gas geben kann, ganz zu schweigen von einem Geparden. Der Mensch ist, selbst wenn er sich die Spitzenathleten zum Vorbild nimmt, von Natur aus ein eher langsames Lebewesen. Darüber hinaus gilt, dass wir alles, was viel schneller oder viel langsamer als wir ist, nur schwer wahrnehmen können. Erosionsvorgänge im Gebirge, die kriegen wir nicht mit – und das Leben einer Eintagsfliege zieht auch relativ spurlos an uns vorüber.

Nun hat der Mensch allerdings seine Fähigkeit, in Geschwindigkeitsräume vorzudringen, durch die Technologie enorm vergrößert. Wenn wir fliegen, legen wir in einer Stunde tausend Kilometer zurück. Und wenn wir elektromagnetisch miteinander kommunizieren, dann steigern wir uns sogar auf dreihunderttausend Kilometer pro Sekunde. Das ist die Geschwindigkeit, mit der die heutige Welt kommuniziert, und zwar in Echtzeit. Und das hat vielfältige Konsequenzen, auch ethisch-moralische. Denn sowohl unsere ethischen wie überhaupt alle unsere Formen der Anschauung hängen damit zusammen, dass wir für bestimmte Dinge eine Intuition entwickeln. Meter, Kilogramm und Sekunde waren dafür die bestimmenden Dimensionen. Aber für das Ultraschnelle oder das Ultralangsame können wir keine Intuition entwickeln. Mit anderen Worten: Wenn wir mithilfe von Technologien bestimmte Handlungen in extremer Geschwindigkeit ausüben, haben wir es gar nicht mehr auf dem Schirm, was wir damit anrichten, welche Konsequenzen unser Tun also hat. Ein Beispiel dafür ist die virale Verbreitung von Nachrichten. Wir können uns eigentlich überhaupt nicht vorstellen, dass ein Bild von uns, das wir für unsere Freunde in unserer Stadt ins Netz gestellt oder, neudeutsch, »gepostet« haben, zeitgleich auch in Patagonien oder in Sibirien gelandet und für alle sichtbar geworden ist. Vieles von dem, was wir heute online kommunizieren, war früher Gegenstand von Gesprächen in einer begrenzten Runde an einem Tisch. Die Schallgeschwindigkeit beträgt dreihundertdreißig Meter pro Sekunde, und der Schall verklingt schnell. Aber bei den elektromagnetischen Signalen verklingt nichts, die bleiben erhalten. Sicher, wenn man die elektromagnetische Leistung der Erde in Relation zum Weltall betrachtet, dann wird auch diese irgendwann einmal bedeutungslos. Aber die elektromagnetische Leistung, mit der Signale um den Globus herumgejagt werden, verschwindet nicht mehr. Und wenn man sich dann klarzumachen versucht, dass wir ein Medium haben wie das Internet, das nichts vergisst, bedeutet das, dass diese dreihunderttausend Kilometer pro Sekunde für immer und alle Zeit die Geschwindigkeit ist, mit der diese Wellen um den Globus jagen. Das ist enorm. Dafür ist der Begriff Revolution noch zu klein.

Der andere Franklin oder: Die Entdeckung der Langsamkeit

Dass angesichts dieser Geschwindigkeitsrevolution allerorten der Ruf nach Verlangsamung hörbar wird, kann nicht verwundern. Nach Entschleunigung haben die Kritiker des technisch verursachten Geschwindigkeitswachstums ja bereits im 19. Jahrhundert gerufen. Sie zweifelten beispielsweise daran, dass die Menschen der Geschwindigkeit eines fahrenden Zuges auf Dauer gewachsen sein würden. Egal, ob man darüber schmunzeln möchte oder nicht, es bleibt auf jeden Fall festzuhalten, dass zur Entschleunigung und zur Entdeckung der Langsamkeit ein einfaches physikalisches Prinzip gehört: Langsamkeit erleben wir immer in Relation zwischen verschiedenen Geschwindigkeiten. Bei einer gleichförmigen Bewegung existieren weder Beschleunigung noch Bremsen. Wären alle und alles mit der gleichen Geschwindigkeit auf einer einfachen Bahn und mit gleichen Abständen unterwegs, gäbe es kein Langsam und kein Schnell, schon gar kein Langsamer und Schneller. Diese Erfahrung wäre vollkommen aufgehoben und der Komparativ sowieso. Geschwindigkeit gibt dementsprechend an, wie schnell ein Körper seinen Ort in einer bestimmten Zeit verändert. In Kurzform: Weg pro Zeit ergibt die Geschwindigkeit eines Körpers.

Auch der Mensch ist in diesem Sinne ein Körper, der nicht immer von gleichförmiger Bewegung geprägt ist. Auch für ihn gilt: Weg pro Zeit. Wenn wir Entschleunigung fordern, dann stellt sich also eine eigentlich simple Frage: Wenn wir langsamer unterwegs sein wollen, müssten wir dann nicht einfach etwas weniger Weg in der gleichen Zeit zurücklegen? Würde, wenn die Zahl unter dem Bruchstrich immer größer wird und damit die Geschwindigkeit immer kleiner, die Lebensqualität wieder größer?

Es soll uns hier keineswegs ein naturalistischer Fehlschluss unterlaufen. Die Tatsache, dass der Mensch von Natur aus eine bestimmte Geschwindigkeit hat, bedeutet nicht zwangsläufig, dass diese Geschwindigkeit auch die richtige ist, dass sie gut für ihn ist. Und ganz ohne Zweifel haben uns bestimmte Möglichkeiten der Geschwindigkeit enorm genützt und unser Leben verbessert. Doch die Gefahr besteht, dass die Pausen, die wir brauchen, um zu unserer natürlichen Geschwindigkeit zurückzufinden, und die es uns ermöglichen, uns darauf zu besinnen, welche Art Lebewesen der Mensch eigentlich ist, nicht mehr gegeben sind oder nicht mehr von uns gefunden werden. Und es besteht die Gefahr, dass der Mensch vergisst, was er im Vergleich zu anderen Lebewesen nun einmal ist: langsam. Der Mensch vergisst seine Langsamkeit – oder, um es als Antithese zu Marinetti zu formulieren: Er vergisst die Schönheit der Langsamkeit.

Diese Schönheit der Langsamkeit könnte sich gerade dort zeigen, wo wir am meisten in Echtzeit sind: online. Wir sind ja online in Echtzeit. Früher holte man sich seine Informationen von irgendwo her. Abends um acht kam die Tagesschau, und der Radiosender Bayern 5 informierte uns in festgelegten Rhythmen über alles Wichtige. Daran hat sich nichts geändert, doch gerade die Rhythmen werden bei vielen Formaten, die der traditionellen Informationsbeschaffung dienen, schneller. Das äußert sich oft in Kleinigkeiten, die aber dennoch deutlich in das Leben der Menschen eingreifen. Früher begannen die Champions-League-Spiele abends um Viertel vor neun, irgendwann gab es Nachberichterstattungen, aber in der Zeitung vom nächsten Tag war davon noch nichts zu lesen. Vielleicht in einer der Stadtausgaben, aber das war es dann auch. Das änderte sich bald, und heute finden sich schon in der Morgenausgabe opulente Artikel zum Spiel. Und diese Berichte müssen vorher geschrieben werden und gedruckt … Das alles hat direkte Konsequenzen.

Die Online-Echtzeit des Internets lässt alle bekannten und gelernten Abstände und Rhythmen verschwinden. Früher gab es bestimmte Tagesabschnitte, in denen man sich kaum informieren konnte und es auch nicht tat. Sicher, man konnte sich mit anderen Menschen unterhalten und dadurch an bestimmte Informationen kommen, aber die technischen Möglichkeiten zur Informationsbeschaffung fehlten noch. Heute ist die Situation völlig anders. Ein schönes Bild für unsere gegenwärtige Lage ist die Sprinkleranlage: Da steht das Wasser immer bis zum Anschlag, denn wenn es brennt, muss es sofort rausschießen. Das Internet ist so etwas wie eine Informations-Sprinkleranlage, aus der die Informationen ständig mit hohem Druck herausgeschossen werden, als ob es brennen würde. Aber es brennt gar nicht. Nur fällt es uns schwer, das zu erkennen. Man ist der allgegenwärtigen Informationsüberflutung so sehr ausgeliefert, dass man sich ihr zunehmend schwerer entziehen kann. Es gibt kaum eine schwierigere Aufgabe als die, aus der Fülle der Informationen, die uns das Internet anbietet, etwas auszuwählen. Dadurch wird auch die Neigung größer, nur die Affirmation zu wählen. Womit gemeint ist, dass man genau die Informationen öfter auswählt, die man zu verstehen glaubt, weil sie Bekanntes und Anerkanntes wiedergeben und weil sie den eigenen Intuitionen entsprechen. Für sorgfältigeres Auswählen, für Differenzierung und Vergleiche benötigte man Zeit. Dazu muss man einmal einen Schritt zurück treten, man muss innehalten – ein wunderbares Wort. Der Zeit-Forscher Karlheinz A. Geißler sagt dazu: »Innehalten ist eine notwendige und sehr beliebte Dehnungsfuge, um die unterschiedlichen Hochgeschwindigkeitsaktivitäten gehetzter Zeitsparer zu verbinden und sie doch gleichzeitig auch auseinander zu halten. Aufs Abbremsen kann und sollte man nicht verzichten.« Und er zitiert Goethe: »Unbedingte Tätigkeit, von welcher Art sie sei, macht zuletzt Bankerott.« Man könnte ein anderes Bonmot des Dichterfürsten hinzufügen: »Die Ruhe der Seele ist ein herrliches Ding und die Freude an sich selbst.«

Innehalten ist aber nicht nur etwas für die Seele, Innehalten verhilft auch zur Reflexion und ermöglicht Auswahl, Innehalten hilft uns zu erkennen, ob und wo es wirklich brennt. Es feit davor, sich ständig Furcht einflößen zu lassen und nur noch emotional zu reagieren, statt rational zu bleiben. Innehalten bewahrt uns davor, nach Shitstorms zu dürsten und sie selber zu inszenieren. Innehalten bedeutet, Distanz einzunehmen, sowohl zu den Meinungen anderer als auch zu den eigenen, auch zu den eigenen Regungen. Wenn alles in Echtzeit geschehen muss, ist das nicht drin. Wenn wir gleichsam nur in Parallelwelten leben, geht das nicht. Wir leben dann nie ganz mit anderen, aber auch nie ganz mit uns selbst. Wir werden zu Spielbällen von Außeneinflüssen, ohne den Spieß umzudrehen und die Außeneinflüsse für uns zu filtern. Um das tun zu können, braucht es Distanz und Innehalten. Es braucht: Langsamkeit.

Die Literatur kennt eine beeindruckende Szene, die die Thesen Franklins und Marinettis auf den ersten Blick zu bestätigen scheint. Sie könnte auf jedem beliebigen Schulhof oder auch Spielplatz stattfinden. Keine schöne Szene, denkt man zunächst: Die zwei sportlichsten Kinder suchen sich für ihr Mannschaftsspiel die anderen Kinder aus, meistens nach den Kriterien Sportlichkeit oder Beliebtheit. Wer am Ende genannt wird, ist ein Loser oder Außenseiter oder auch beides. Und jeder von uns, der das selbst einmal erlebt hat, weiß, wie sehr das nerven oder sogar verletzen kann. Die Szene spielt in Spilsby in der englischen Grafschaft Lincolnshire, und der Außenseiter heißt Franklin. Dieser Franklin ist der Außenseiter, der beim Ballspielen mitmachen darf, allerdings nicht als Mitspieler. Nein, er kann keinen Ball fangen oder werfen. Er darf mitmachen, weil er die Schnur hält. Und das kann er wie kein Zweiter, denn: Er ist langsam. Unendlich langsam.

Ja, richtig gelesen. Der langsame Außenseiter in dem Roman, den uns Stan Nadolny geschenkt hat, heißt wirklich Franklin, genauer: John Franklin. Das Vorbild zu dieser Figur lieferte der britische Admiral und Polarforscher gleichen Namens, der von 1786 bis 1847 lebte und auf einer seiner Forschungsreisen ums Leben kam. Wie der historische Franklin wird auch Nadolnys Franklin zur See fahren, er wird sogar zum Helden werden, und zwar nicht etwa deshalb, weil er dumm wäre oder nichts verstünde, sondern vielmehr, weil er übersorgfältig ist, übergenau, weil er alles durchdenkt. Er zimmert sich gedankliche Leitplanken und erfindet Systeme, um seine Langsamkeit zu überbrücken. Die Art und Weise, wie er Sprache lernt, nautische Sprache gar, kann selbst für das heutige Erlernen von Fremdsprachen inspirierend sein. Wer sich bestimmte Floskeln oder Antwortschemata zurechtlegt, gewinnt Zeit. Am Ende stirbt auch der Nadolny-Franklin auf einer Polarfahrt und wird so zum tragischen Helden. Und dennoch, der Titel des Romans gelangte zu mindestens ebenso großer Berühmtheit wie der historische Protagonist, vermutlich sogar zu noch größerer, denn er prägte einen bis heute geflügelten Begriff und unzählige gesellschaftliche und intellektuelle Bewegungen: »Die Entdeckung der Langsamkeit«.

Bei der »Entdeckung der Langsamkeit« denken viele vermutlich unwillkürlich an den Begriff, der der Beschleunigung direkt entgegengesetzt zu sein scheint: Entschleunigung. Er wird in den unterschiedlichsten Kontexten verwendet, von Personalberatern genauso wie von Achtsamkeits-Coaches. In den Geisteswissenschaften hat ihn in den letzten Jahren besonders der Soziologe Hartmut Rosa prominent gemacht. Rosa hat lange die »Beschleunigung der Welt« untersucht und mit seinem Resonanzbegriff ein Gegenkonzept dazu entworfen, ein Rezept zur Entschleunigung der Welt und eines jeden Einzelnen. Durch die Corona-Krise sei eine völlig neue

Erfahrung in unser Leben getreten, hielt er unlängst in einem Interview fest und differenzierte: »Allerdings wäre es natürlich falsch, die Corona-Krise einfach nur als große Entschleunigung zu interpretieren. Denn erstens ist sie an vielen Stellen mit existenzieller Angst und Not verbunden und an manchen sogar mit manifester Beschleunigung. Wer Angst um sein Leben oder seine ökonomische Existenz hat, erfährt das Geschehen nicht als Entschleunigung, sondern als Bedrohung. Und wer zum Beispiel alleinerziehend und berufstätig ist und drei kleine Kinder zu Hause hat, die nicht in die Kita können, ist nicht ent-, sondern beschleunigt.«

Diese Unterscheidung ist wichtig und bemerkenswert, weil sie einerseits die Entschleunigungserfahrung in die Corona-Krise einordnet. Ohne Zweifel hat der Lockdown vieles verlangsamt. Aber zugleich, und das macht Rosa klar, hat Entschleunigung wesentlich mit den konkreten Umständen des Lebens zu tun. Die Ode an das Homeoffice, die derzeit nicht zuletzt auch aus ökonomischen Gründen gesungen wird, klingt in den Ohren von Alleinerziehenden oder auch Müttern und Vätern, die zusammen auf begrenztem Raum ohne Rückzugsmöglichkeit leben und nun auch noch dort arbeiten sollen, nicht unbedingt nach der Schönheit der Langsamkeit, nicht wie eine angenehme Entschleunigung.

Dennoch finden sich besonders in Branchen, die von ihrer inneren Ausrichtung her auf Geschwindigkeit ausgelegt sind, interessante Beispiele dafür und Hinweise darauf, dass und wie Langsamkeit entdeckt werden kann. Im Silicon Valley, dem Sinnbild und Ausgangspunkt der Hochgeschwindigkeitsdynamik, schicken immer mehr IT-Spezialisten und Manager ihre Kinder auf Waldorfschulen. Wenn sich also die Hochgeschwindigkeitsexpertinnen und -experten zu gewissen langsamkeitsaffinen Verhaltensmaßnahmen durchringen, wie reagiert dann die Community, die bislang gebannt an deren Lippen hing? Die Tech-Pioniere erzählen davon, wie sie ihrer Tochter oder ihrem Sohn das Handy abnehmen, und davon, dass die Kinder reagieren, als hätte man sie eines lebenswichtigen Organs beraubt. Als Konsequenz werden die Kinder ganz bewusst auf Waldorfschulen geschickt, denn dort sind diese Geräte verboten. Eine bemerkenswerte Nachricht, besonders in Bezug auf die Entdeckung der Langsamkeit.

Unser Beispiel des Silicon Valley und der Waldorfschulen soll ganz gewiss kein Plädoyer für einen bestimmten Schultyp sein. Es ist aber ein Plädoyer dafür, dass Langsamkeit neu erlernt werden muss – und eben nicht nur bei denen, die im Hamsterrad ihres Berufes rennen. Gerade während der Corona-Krise war die Digitalisierung der Schule ein heißes Thema. Und natürlich darf es nicht sein, dass der Lockdown gerade für die Kinder aus sozial schwächeren Familien gravierende Lernkonsequenzen nach sich zieht, weil weder Hardware noch digitales

Know-how zur Verfügung stehen, sodass sie nicht auf dem gleichen Stand sind wie ihre Klassenkameraden aus wohlhabenden Familien. Und selbstverständlich müssen Lehrkräfte geschult sein, um schulen zu können, sie müssen schlicht und einfach digitale Unterrichtsmöglichkeiten beherrschen. Die Erfahrungen der Corona-Krise haben gezeigt, dass in all diesen Bereichen Nachholbedarf besteht. Keine Frage, alles richtig. Und dennoch ist eine Digitalisierung im Sinne einer Durchdigitalisierung, die alles und jeden in der Schule beherrscht, ein Fehler. Gerade die Schule, freilich auch der Kindergarten, muss Freiräume im besten Sinne des Wortes bieten. Hier soll nicht nur gelernt, hier darf, ja muss auch gespielt werden. Die Jahrgänge bis zur zehnten Schulklasse sind geprägt von dauerndem Wettbewerb. Und worüber kann man das sich Bewerben leichter lernen als im Spiel? Das bedeutet vor allem konventionelles Spielen, körperliches Spiel. Die körperliche Entdeckung von Langsamkeit ist das Allerwichtigste. Was dort mit einem passiert, ist ungeheuerlich. Übungen wirklich extrem langsam zu machen, Bewegungen ganz langsam auszuführen, um sie zu spüren – das ist eine Erfahrung, die zutiefst prägt und eine Grundlage für das ganze Leben bieten kann. Es muss überhaupt nicht immer Yoga oder etwas in der Art sein. Eine konkrete Möglichkeit, zur Langsamkeit zu erziehen, ist beispielsweise Karate. Einerseits leben die meisten fernöstlichen Kampfkünste von extremer

Schnelligkeit, aber sie sind auch, denkt man etwa an die Katas, also bestimmte Übungsformen, durch unglaubliche Langsamkeit und Präzision gekennzeichnet. Die langsamsten Bewegungen sind oft die schwersten. Katas mögen für Schüler nicht unbedingt faszinierend sein. Doch grundsätzlich können Karate oder auch Ju-Jutsu durchaus beides sein: Wer schneller ist und deshalb früher trifft, macht einen Punkt. Und wer öfter punktet, gewinnt. Das ist zumindest im Wettkampf so. Zugleich geht es aber auch darum, genau zu beobachten, im richtigen Moment da zu sein, den Kairos zu finden. Es ist die perfekte Kombination und ein Ausdruck davon, dass es im Leben um beides geht: um Schnelligkeit und Langsamkeit, aber eben alles zu seiner Zeit.

Ohne Zweifel kann man noch viele andere Sportarten oder Bewegungstraditionen kennenlernen und finden, die für Erfahrungen von Langsamkeit geeignet sind. Entscheidend ist dabei: Es sind Erfahrungen, die wir immer selbst machen, die Kinder selbst machen. Das, was da geschieht und sich so großartig anfühlt, wird nicht von einem anderen erklärt, sondern es wird selbst erlebt. Erfahrene Langsamkeit wirkt viel tiefer und länger als erklärte. Langsamkeit bedeutet gerade nicht Langweile.

Schon heute sind Schulfächer wie Musik, Theater oder Kunst auch deshalb besonders wichtig, weil sich mit ihnen bestimmte Formen von Langsamkeit kennenlernen und erlernen lassen – andere Formen von Bewusstsein und Bewusstwerden, von Präsenz und Wirklichkeit. Doch gerade die bewusste Erfahrung der körperlichen Präsenz ist entscheidend. Ein Schulfach »Langsamkeit«, mit ganz unterschiedlichen Facetten und Dimensionen – das wäre ein Coup d'État an der alles regierenden Schnelllebigkeit und Rastlosigkeit unserer Zeit. Solch ein Fach zu konzipieren und in den Schulalltag zu integrieren, altersgerecht und entwicklungsgerecht, wäre ebenfalls eine Revolution – mindestens!

Quality Time: Rituale der Langsamkeit

Ein anderer ungemein nützlicher Wegweiser zur Entdeckung der Langsamkeit sind die Traditionen, die bei uns vor allem mit dem kirchlichen Leben zu tun haben. Die Sonntagsruhe ist ja nicht nur eine fromme Überlieferung oder überkommene kirchliche Vorschrift, sondern sie ist anthropologisch schlichtweg sinnvoll: Wer sechs Tage ackert, soll am siebten Tag auch mal ausruhen. Das Prinzip der Sonntagsruhe und jenes des Sonntagsgebots sind allein deshalb schon schützenswert. Ein anderes wunderbares Beispiel dafür, wie sich Entschleunigung manifestiert, steckt in den Worten Kirchgang und Sonntagsspaziergang. Nicht Kirchensprint und Sonntagsrennen, nein, die Schritte werden mit Bedacht gewählt, man sammelt sich und versammelt sich mit anderen, man taucht ein in eine andere Welt, die sich gerade heute zunehmend von anderen gesellschaftlichen Bereichen durch ihre Worte und Riten abhebt – und das aus gutem Grund und mit wohltuender Wirkung. Langsamkeit, das zeigt das wunderbare Beispiel von Stan Nadolny, speist sich auch aus Ritualen. Sie sind wohltuend, weil wir in ihnen nicht immer nachdenken müssen, was als Nächstes kommt und was wir selbst machen müssen, sondern weil in jedem Ritus Leitplanken vorgegeben sind, innerhalb derer wir uns zurechtfinden, an denen wir uns festhalten und auch einmal anlehnen und ausruhen können.

Wir brauchen deshalb in einer sich immer weiter beschleunigenden Welt entschleunigende Rituale, Rituale der Langsamkeit. Die müssen gar nicht neu erfunden, sie können gefunden werden, und zwar in den unterschiedlichen religiösen Traditionen, aber auch in Achtsamkeitsübungen oder beim Yoga, bei gesellschaftlichen Anlässen wie einem Samstagsbrunch oder auch dem Dienstagsstammtisch. Wir können sie in Lesekreisen entdecken, bei Fantasy-Rollenspielen oder beim Seiltanzen im Englischen Garten. Oder wir können sie bei institutionalisierten Kochabenden erleben, wobei es sich nicht unbedingt um Slow Food handeln muss. Ganz sicher aber nicht um Fast Food! Einfach Food, für uns und für andere, das würde schon reichen. In welchem Umfeld all das stattfindet, ist egal, es bedarf dazu sicherlich keiner idealisierten

Bürgerlichkeit. Rituale können komplett individuell sein, aber selbstverständlich auch kollektiv. Entscheidend ist, dass sie einen festen Platz in unserem Leben einnehmen, dass sie Freiräume gewähren, die uns (und manchmal anderen) zu festen Zeiten Ordnung, Struktur und damit auch Halt und Haltung schenken. Haben wir sie gefunden, dann geben sie uns das Gefühl, dass wir eben nicht nur durch unser Leben surfen müssen, sondern auch einmal langsam auf dem Rücken schwimmen dürfen. Oder auch einfach nur vor uns hintreiben.

Wir hatten kurz die Kochabende angesprochen, und zwar aus eigener Erfahrung. Es ist erstaunlich, wie der Kochtrend unsere Gesellschaft erfasst hat. Fast Food und Slow Food, diese beiden Extreme müssen hier gar nicht bemüht werden. Doch interessanterweise hat sich in unsere Sprache und daher auch in unser Denken – eigentlich andersherum – schon weit vor dem Siegeszug der goldenen M's und anderer Marken der Zusammenhang von Essen und Schnelligkeit eingeprägt. »Wie man isst, so arbeitet man«, heißt es. Sind also nur Schnellesser auch Schnellarbeiter? Kann nur der Fast Fooder ein Fast Worker sein? Und, das Franklin'sche Diktum darauf angewandt: Wer schnell isst, spart Zeit und gewinnt Geld? Umgekehrt: Wer langsam isst, verschwendet Zeit und verschleudert Geld?

Der Zusammenhang von Essen, Zeit und Arbeit nach dem Franklin-Prinzip ist erstaunlich und bezeichnend.

Der Mensch ist dann nicht nur, was er isst. Er ist auch, wie er isst. Das Motto »Sag mir, was du isst, und ich sage dir, wer du bist« wird entfremdet zu »Sag mir, wie du isst, und ich sage dir, wer du bist«. Der Begriff »Humankapital« wird mit der Gleichung »er ist, wie er isst« auf die Spitze getrieben: Food als Füttern der Produktionsmaschine Mensch. Das muss schnell und effizient geschehen, damit die Gesamtmaschinerie weiterdampfen kann. Nicht mehr Mahlzeit im Sinne von Mahl-Zeit, sondern Fütterzeit. Keine Essenspause mehr, sondern kurze Unterbrechung der Produktion.

»Sag mir, wie du isst, und ich sage dir, wer du bist«: Diese Verkehrung des ursprünglichen Gedankens von Mahl-Zeit als Gemeinschaft, als Kulturgut, eines Gedankens, der das Abendland durch das Judentum und das Christentum zutiefst geprägt hat, ist ein kultureller, gesellschaftlicher und individueller Verlust. Zugleich kann dieser Gedanke bei der Entdeckung der Langsamkeit von zentraler Bedeutung sein. Wir bemerken einen umgekehrten Trend, das Interesse wächst, sich wieder mehr Zeit zu nehmen, sogar bei uns in Deutschland. Möglicherweise geschieht das weniger im Arbeitsalltag, aber durchaus im Privaten. Was aber, wenn die Langsamkeit auch Einzug in den Arbeitsalltag fände? Was wäre, wenn ein Langsamkeitsindex ins Leben gerufen würde, der neben anderen Punkten bei der Bewertung von Firmen ins Spiel gebracht werden kann? Ein Langsamkeitsindex oder Entschleunigungsindex, transparent dargestellt und gut zu überprüfen, der Bewerbern und vielleicht sogar an Nachhaltigkeit und ethischen Prinzipien ausgerichteten Investoren als ein Entscheidungskriterium für ihre Berufs- oder Investitionsentscheidungen dienen könnte? Das wäre neben einem Langsamkeitsfach in der Schule eine weitere Verankerung von Entschleunigung in Institutionen, die den Alltag prägen. Eine notwendige Verankerung, denn so wie der Klimaschutz nicht gelingen kann, wenn er nicht alle Ebenen des gesellschaftlichen Lebens einbezieht und erreicht, so kann die Entschleunigung nicht allein auf die private Ebene abgeschoben werden.

Ein solcher Langsamkeitsindex könnte viele Einsichten und Veränderungen bündeln, die bereits in Betrieben oder Organisationen erfolgt sind, und sie auf eine existenzielle Ebene heben, die einsichtig und überprüfbar ist. Die Entdeckung dieser Langsamkeit wäre ohne Zweifel kein Produktionshindernis, im Gegenteil. Zahlreiche Studien haben den Zusammenhang von Auszeiten für das Privatleben und für Gesundheit und Muße und für Produktivität und Effektivität gezeigt. Die *Human Resources* sind nun einmal nicht unerschöpflich, sondern müssen regelmäßig aufgefüllt werden – etwas, was wir interessanterweise nicht nur bei uns, sondern auch bei der Natur gerne vergessen. Mindestens so entscheidend ist, dass Leistung und Langsamkeit keine grundsätzlichen

Gegensätze sind. Auch hier kommt es auf zwei Dinge an: das rechte Maß und den rechten Augenblick. Ein Chirurg in der Notaufnahme kann nicht einfach einen Gang runterschalten und die Sache, also den Patienten, mal langsamer angehen. Aber er muss auch nicht achtundvierzig Stunden nonstop von Operation zu Operation hetzen und dabei einen Arbeitszeitrekord nach dem nächsten brechen. Alles zum rechten Augenblick und mit dem rechten Maß – »alles zu seiner Zeit«, wie man so schön sagt. Andererseits wussten die Menschen ebenfalls schon lange: »Gut Ding will Weile haben.« Auch das trifft, wie oben beschrieben, universal und in jeder Situation zu. Doch darin klingt ein Begriff an, der in all den Bereichen, die wir angesprochen haben, zum Tragen kommt, beim Kochen wie im Unterricht, beim Gespräch wie in der Arbeit: Qualität.

Qualität ist ein Schlüsselbegriff für den in diesem Kapitel beschriebenen Paradigmenwechsel. Und zwar deshalb, weil er eine Schlüsselerfahrung ausdrückt, die jeder von uns kennt. Man muss schon sehr fest und lange in der Beschleunigungskapsel sitzen, um Erlebnisse von Zeit und Muße zu verneinen – oder zu verleugnen. Dass etwas, das mit Liebe und Hingabe gefertigt wurde, von besonderer Qualität ist, sodass wir bereit sind, dafür mehr zu geben (nicht zwangsläufig Geld), das prägt jeden Bereich unseres Lebens. Langsamkeit ist dann Hingabe an eine Sache, kein Multitasking, und das verbürgt

Qualität. Langsam und mit Hingabe verbrachte Zeit ist dann im besten Sinne des Wortes das, was so viele Lifestyle-Ratgeber und Work-Life-Balance-Magazine als Ideal erkoren haben: *Quality Time*.

Quality Time ist ein Begriff, der aus den USA der Siebzigerjahre stammt und dort auf personale Beziehungen, vor allem auf die klassische Familie bezogen wurde. In Deutschland veröffentlichte das *Bundesministerium für Familie, Senioren, Frauen und Jugend* 2009 ein Memorandum, das Impulse für eine »familienbewusste Zeitpolitik« geben sollte. Darin geht es um »Familienleben im Wandel« und um den »Taktgeber Arbeitszeit«, um »neue Zeitoptionen im Lebensverlauf« oder auch »Dienstleistungszentren für Familien« und »Familienzeitkredite«. Der Begriff »Qualitätszeit« kommt in diesem Dokument insgesamt fünfzehn Mal vor, der zentrale Absatz lautet: »Als Qualitätszeit für Familien betrachten wir verlässliche und selbstbestimmte Zeitoptionen, die Familien bewusst für gemeinsame Aktivitäten nutzen. Dabei kann es sich sowohl um gemeinsame Ausflüge oder Spielnachmittage handeln als auch um Aktivitäten, wie etwa gemeinsames Kochen und Essen, solange sie bewusst als Familienzeit wahrgenommen werden. Reine Haushaltstätigkeiten oder Hobbys, bei denen andere Familienmitglieder auch anwesend sind, zählen hingegen nicht dazu. Für uns bemisst sich Zeitwohlstand in bewusster Interaktion, Fürsorge und Zuwendung mit dem Ergebnis von

Wohlbefinden.« Kämpft man sich durch die typischen Amtsdeutschformulierungen, so ist das zentrale Kriterium klar: Qualitätszeit ist Zeit für die Familie.

Nun steht das in einem Memorandum für Familienleben, und deshalb ist nicht klar, ob die Autoren in einem anderen Kontext die Qualitätszeit nicht auch dem Einzelnen zugestehen würden. Das sollten sie jedenfalls. Denn *Quality Time* oder Qualitätszeit sollte jeder haben, mit anderen und mit sich selbst. Das eine schließt das andere nicht aus. Doch Qualitätszeit im Sinne von *»me time«,* von einer Zeit, die man für sich hat, egal ob man sie mit der Familie verbringt, mit Freunden oder Kollegen, vor allem aber auch mit sich selbst, die ist kostbar und wertvoll. Diese Qualitätszeit kann und wird auch oft eine Zeit der Langsamkeit sein oder eine Zeit der Entdeckung der Langsamkeit. Wenn Qualität nicht mit Eile erreicht werden kann, dann wird Qualitätszeit ebenfalls keine Zeit der Eile, sondern eher der Weile sein. Langsamkeit im richtigen Augenblick und Maß ist insofern eine Qualität an sich, und sie zuzulassen und zu genießen ebenfalls. Langsamkeit ist dann aber auch eine Bedingung der Möglichkeit von Qualität, von Qualitätszeit. Das klarzumachen und zu fördern, durch Langsamkeitsindices oder andere Ideen, ist ein Schlüssel für die Entdeckung und Entwicklung der Langsamkeit.

Im Gegensatz zu den berechenbaren physikalischen Größen Beschleunigung und Abbremsen sind Langsamkeit und Schnelligkeit Begriffe der Relation. Geschwindigkeit wiederum ist klar berechenbar. Der Geschwindigkeitsindex knüpft daran an, er stammt aus dem Bereich der Automobilität. Er gibt die Höchstgeschwindigkeit an, mit der Reifen gefahren werden können, wenn sie entsprechend aufgepumpt sind und alle anderen Parameter stimmen. Gibt es einen Geschwindigkeitsindex für den Menschen? Sind wir so etwas wie Reifen, die, wenn sie richtig aufgepumpt sind, eine Höchstgeschwindigkeit laufen können, sich irgendwann abnutzen und dann eben gewechselt werden müssen? Manche kommen sich sicherlich so vor. Und für manche ist das auch ein durchaus akzeptables, zumindest hinnehmbares Bild. Doch es scheint, dass immer weniger das hinnehmen wollen.

Also, gibt es einen Geschwindigkeitsindex des Menschen? Schon gelaufene Höchstgeschwindigkeiten verändern sich über die Jahre, doch der Mensch scheint eine natürliche Höchstgeschwindigkeit zu haben, zumindest steht dies zu vermuten. Aber was ist der existenzielle Geschwindigkeitsindex eines einzelnen Menschen? Was ist der Geschwindigkeitsindex von dir, von mir, und welchen Geschwindigkeitsindex hat eine Gesellschaft? Setzt er sich zusammen aus Langsamkeitsindex und Schnelligkeitsindex? Und wie wäre das zu berechnen? Ist es überhaupt zu berechnen? Kaum vorstellbar! Die Langsamkeit und Schnelligkeit, die wir in unserem Leben brauchen, hängen von so vielen Faktoren ab, sie sind unberechenbar. Unberechenbar, weil sie auch von Faktoren abhängen, die nicht operationalisiert oder gemessen werden können. Unberechenbar, weil sie auch aus Kategorien stammen, die nichts mit Naturwissenschaft zu tun haben. Unberechenbar, aber hoffentlich nicht unbestimmbar, zumindest unnahbar. Jeder von uns sollte sich seinem eigenen individuellen Geschwindigkeitsindex annähern, sich bewusst machen, wo er mit welcher Geschwindigkeit im Leben unterwegs ist und wo er es nicht sein sollte, wo er Gas geben und bremsen und wo er Eile und Weile suchen sollte. Wer seinen Geschwindigkeitsindex kennt und spürt, wird seine Qualitätszeit eher erleben – wenn es die Umstände erlauben, wenn die Gesellschaft ihren Geschwindigkeitsindex findet. Das wäre eine Gesellschaft mit einem unberechenbaren Index – eine Qualitätsgesellschaft.

IRGENDWANN MUSS ES AUCH MAL GUT SEIN:

LOB DER GRENZE

Stellen Sie sich das einmal vor: Eine schicke Designerwohnung, teuer eingerichtet, wobei sich über Geschmack wie immer streiten lässt, irgendwo im Münchner Lehel, ganz oben über den Dächern der Stadt und über den Lebenswelten des gewöhnlichen Durchschnittsverdieners. Oder eine schnieke Wohnung in Hamburg-Eimsbüttel oder -Winterhude, auch hier alles vom Feinsten. In München richtet sich der Blick von der Dachterrasse aus in Richtung Annakirche oder Hofgarten, griffbereit der obligatorische Hugo oder gleich ein bisschen Schampus zum Sommerabend, man gönnt sich ja sonst nichts. In Hamburg kuschelt man sich vor dem perfekt getrimmten Rasen in den Liegestuhl, um sich schnell noch die Poolkühle von der Spätabendwärme vertreiben zu lassen. Herrlich! Doch plötzlich ein ohrenbetäubendes Getöse. Was ist passiert? Rotten sich schon wieder irgendwelche Verdienstneider und Freizeitprotestierer zusammen? Ein Blick ins Innere des schmucken Heims sorgt für Entsetzen. Denn drinnen tanzt zu einem Konzert von zerbrechenden Stühlen, zerberstenden Tischglasscheiben und ächzenden Kanapees ein Dino Pogo. Ja, der Blick durch die Brille täuscht nicht, hier wird kein Heimkino aufgeführt: ein Dinosaurier in natura, ein Raptor, oder wie die Viecher halt heißen.

Grenzen und Grenzerfahrungen

Zugegeben, eben haben wir ein bisschen im Klischeetopf gerührt. Und vielleicht hätten wir alles auch etwas weniger ausführlich schildern können. Andererseits muss die Designerwohnung ja möglichst deutlich vor Augen funkeln, damit der Dino in seiner destruktiven Kraft zur Geltung kommt. Und mit ihm die Ohnmacht und Hilflosigkeit, mit der man diesem Urvieh gegenüberstünde. Das Dumme ist nur: Es geht um keinen Konjunktiv. Nicht »stünde« muss es heißen, sondern »steht«. Denn wie bei diesem Dino kein Rufen hilft und alle Gesten ins Leere laufen, so sehen wir uns häufig mit ganz konkreten Krisen konfrontiert. Solche Krisen sind immer Grenzerfahrungen. Und genau die Erfahrungen von Grenzen, von unserer Grenze, sind elementar und essenziell für die Entwicklung einer Gesellschaft und des Individuums. Wer Grenzen nicht erfährt, bekommt keine Kontur. Und nur wer Grenzen hat und setzt, der behält Kontur. Nur der hat Format, könnte man sagen. Sein Format.

Die Corona-Krise war und ist ohne Zweifel noch immer eine kollektive und individuelle Grenzerfahrung. Das beginnt mit dem Virus an sich, bei dem noch nicht einmal klar ist, ob es sich um ein Lebewesen handelt oder nicht. Forscher, die den Status von Viren als Lebewesen bezweifeln, verweisen darauf, dass Viren keinen Stoffwechsel aufweisen und sich auch nicht selbstständig vermehren können, sondern auf Lebewesen angewiesen sind, die ihnen als Wirte dienen. Sie bestehen aus Proteinhüllen, die das Erbgut umschließen. Andere Forscher halten dagegen, und so kommt Gert Liebert, Professor am Institut für Virologie in Leipzig, zu dem Schluss: »Die einen sagen, es sind Lebewesen. Die anderen sagen, es sind keine Lebewesen. Ich gehöre zu denen, die sagen, es ist kein selbstständiges Lebewesen, weil es sich nicht autonom, also selbstständig, vermehren kann.« Und er fügt hinzu: »Das ist also eine philosophische Frage.«

Im Unterschied zum Virus ist das Bakterium ein Lebewesen, da geht's nicht um Philosophie, sondern um Biologie. Und das Bakterium kriegen wir im Allgemeinen mit Antibiotika in den Griff, das Virus nicht. So suchen wir fieberhaft nach einem Impfstoff. Ist es einmal ausgebrochen, kommen wir gegen das Virus letztlich nur dadurch an, dass sich unser Immunsystem aktiviert, ob nun aus eigener Kraft oder mithilfe eines Anstoßes von außen. Das Corona-Virus verweist also auf die Problematik der Nichtbehandelbarkeit, und letztlich verweist es auf die Grenze zwischen Leben und Tod, auf die Grenze zwischen lebender und toter Materie. Denn Viren sind ja auch zugleich elementare Bausteine des Lebens, beim sogenannten »horizontalen Gentransfer« ganz am Anfang des Lebens spielen sie eine überragende Rolle.

Ob das Virus ein Lebewesen ist oder nicht, sei dahingestellt. In jedem Fall ist es ein Grenzgänger, und die Erfahrung mit dem Virus ist für uns eine Grenzerfahrung. Um im oben skizzierten Bild zu bleiben: Das Virus ist der Dino in der Designerwohnung. Alles dort ist picobello, alles steht akkurat an seinem Platz, sämtliche Geräte sind natürlich smart, sie wissen, wann die Bewohner nach Hause kommen, schalten sich selbstständig ein und aus – und wären die Hausherren nicht auf der Terrasse oder im Garten gewesen, hätten sie dem Dino über die fest installierten Kameras oder ihr Smartphone zugucken können. Alles ist perfekt berechnet und getimt. Bis eben auf den Dino. Und anders als etwa mit einem Gorilla, kann man mit ihm auf keine Weise kommunizieren. Ohne die Möglichkeit der Kommunikation und aller digitalen Smartness beraubt steht man vor diesem Dino, der alles kurz und klein schlägt und sich einen Dreck um all unsere intelligente Technik schert. Er bringt alles durcheinander, macht aus Ordnung Chaos und zerstört nicht nur Porzellan und Edelholz, sondern vielleicht sogar auch unser deterministisches Weltbild und die damit verbundene Technikgläubigkeit.

Diese Erfahrung kann schockieren. Vieles geht zu Bruch, Dinge oder Einsichten, die man liebgewonnen hat, die man lange schon mit sich herumträgt, in denen man sich eingerichtet hat und von denen man nicht weiß, ob wir es eigentlich sind, die sie besitzen, oder umgekehrt. Eine solche Grenzerfahrung rückt Dinge zurecht, und wenn sie sie zerschlägt, dann schafft sie damit auch Platz und öffnet den Raum. Letztlich verweist sie uns darauf, dass es Grenzen gibt. In der Szene mit dem Dino ist es die Grenze der Kommunikation und Beherrschbarkeit, die Grenze der Berechenbarkeit – wer würde denn bitte mit einem Dinosaurier in seiner Wohnung rechnen? Wahrscheinlich genauso wenige wie die, die ein Virus erwarten würden, das irgendwo weit weg von einem Markt in China aus seinen Weg in und um die Welt findet und in seiner Winzigkeit absolute Gewissheiten und völlige Sicherheiten bersten lässt. Ein Winzling, der alles infrage stellt: den Abend in der Kneipe mit den Freunden, Fußballspiele mit Zuschauern und Meisterfeiern mit Fanmassen, den Gang der Kinder in die Schulen, Gottesdienste mit Mundkommunion und Gläubige mit dem Friedensgruß. Überhaupt, Begegnungen mit Händeschütteln nordisch kühl und Wangenküsschen südlich impulsiv. Vermutlich hätte man die Rückkehr der Dinos noch für wahrscheinlicher gehalten als eine Zeit, in der all das nicht nur verboten, sondern gar nicht möglich war.

Grenzen und Grenzerfahrungen sind berechenbar und unberechenbar zugleich. Ultimativ verweisen sie uns darauf, dass wir sterblich sind, wir sprechen ja auch davon, dass unsere Tage gezählt seien. Wir erleben uns als begrenzt, sei es durch uns selbst und unsere Möglichkeiten, sei es durch andere und deren Möglichkeiten – oder Nichtmöglichkeiten. Die Existenz des Menschen ist eine begrenzte und das Leben ein Leben an der Grenze. Doch obwohl dies die Grundlage unseres Lebens bildet, haben wir die Grenzen aus unserem Bewusstsein eliminiert und erleben oft erst in Grenzerfahrungen, dass diese Grenzen vorhanden sind und sich unserem Drang, alles zu berechnen, entziehen. Wir sprechen dann davon, dass man »über sich hinauswächst«, was rein mathematisch oder biologisch natürlich Unsinn ist. Genauso sinnvoll ist es, wenn ein Trainer von seiner Mannschaft fordert, hundertzehn oder sogar hundertfünfzig Prozent zu geben. Wir haben maximal hundert Prozent, und wenn wir die ausschöpfen, dann ist das viel, aber nicht mehr als hundert Prozent.

Mehr als hundert Prozent geht nicht. Das ist die Grenze. Doch immer wieder drängt uns eine Sucht oder Versuchung dazu, diese Grenze nicht zu akzeptieren. Jeder von uns, aber auch unsere Gesellschaft als Ganzes giert nach der Grenzüberschreitung, setzt alles daran, Grenzen neu zu definieren und sie neu zu setzen. Hundert Prozent sind kein Volltreffer, das ist etwas für Schluffis und Faulenzer. Wer mit hundert auf der Autobahn des Lebens fährt, ist ein Lahmarsch und hält die anderen bloß auf. Grenzen, Geschwindigkeitsbegrenzungen erst recht – wer braucht denn das? Jedoch war der Mensch durch die Natur schon immer Geschwindigkeitsbegrenzungen ausgesetzt, und bestimmte Begrenzungen wird selbst der Fortschritt nicht aufheben, etwa die Lichtgeschwindigkeit. Allerdings ist hier ein Einwand berechtigt: Grenzen sind verschiebbar. So ein Dino mag ja unter Umständen richtig schnell gewesen sein, seinem Schicksal konnte er trotzdem nicht davonlaufen. Auch der Gorilla kann einen Affenzahn draufhaben, bestimmte Grenzen durchbricht er aber nicht. Beim Menschen ist das anders. Der Mensch ist das Wesen, das mehr als jedes andere Lebewesen seine Grenzen erfährt, sie bewusst ausreizt, sie übersteigt und verschiebt. Grenzen stellen für uns kein unabänderliches Schicksal dar, von wenigen Ausnahmen abgesehen. Das unterscheidet Grenzen von einer Mauer. Zwar kann man eine Mauer versetzen, man kann sie zum Glück sogar einreißen. Doch streng genommen ist an der Mauer Schluss, die Freiheit hat hier ihr Ende. Eine Grenze dagegen kann überschritten werden, theoretisch und praktisch. Und dieses Überschreiten und Verschieben ist wesentlich für das, was die Menschheit auszeichnet. Fortschritt bedeutet, Grenzen zu verschieben. Und um das tun zu können, muss man Grenzen kennen. Es ist deshalb nicht nur wichtig, jemand anderem die Grenzen aufzuzeigen, in der Beziehung zum Beispiel. Es ist vielmehr ganz entscheidend, die eigenen Grenzen auszuloten und zu kennen. Nur so weiß man, welche Grenzen verschiebbar sind und welche nicht. Das gilt für jeden Einzelnen und für die Menschheit insgesamt. Über bestimmte Grenzen kann man nicht verhandeln.

Die Grenzen des Planeten schützen

Eine entscheidende Grenze, die immer wieder zu übertreten und zu verschieben versucht wird, ist die Grenze und Begrenztheit unseres Planeten. Mit der Physik lässt sich nicht verhandeln und mit elementaren Gegebenheiten unserer Welt und unseres Ökosystems auch nicht. Das Weltklima ist ein hochkomplexes System und reagiert selbst auf leichteste Störungen enorm sensibel. Diese Störungen wurden in den vergangenen Jahrhunderten immer massiver, und die Frage lautet nicht, wann dieses System instabil werden könnte, sondern, ob es das nicht schon längst ist. Der Begriff der »Heißzeit« lässt grüßen.

»Bitte, bitte«, werden jetzt sicher einige rufen, während sie die Augen über die ganze Ökohysterie verdrehen: »Dagegen gibt es doch wunderbare technische Möglichkeiten«. Nur fragt sich erstens, woher die Energie dafür kommen soll. Und zweitens schreitet die Erderwärmung unerbittlich voran und hat schon zum Spurt angesetzt. Während die Gletscher immer kleiner werden und verschwinden, steigt der Meeresspiegel, und immer häufiger erleben wir Wetterextreme. Dieses Faktum leugnet kaum noch einer. Aber die Ursache dafür wird infrage gestellt. Es ist so wie bei einem pubertären Kind, das einen Ball wild durch die Gegend schießt. Ein Fenster wird getroffen, doch angesichts des Sprungs in der Scheibe dreht sich das Kind schnell um und spielt pfeifend weiter. Wenn es darauf angesprochen wird, antwortet es nur: »Echt, ist da was? Ich war das nicht. Ganz bestimmt.« Kommt jemand mit einer Erklärung oder Beobachtung, dann stellt sich das Kind dumm. Hauptsache, nichts zugeben. Und bei der nächsten Gelegenheit wird wieder wild herumgebolzt. Ist ja nur 'ne blöde Scheibe, die kann man doch auswechseln. Doch die Erde ist keine Scheibe, und wir sollten endlich begreifen, dass wir sie nicht auswechseln können. Die Öko-Grenze unseres Planeten ist nicht verhandelbar. Trotzdem hat unsere Generation viel zu lange genau das versucht: verhandeln. Ein absolutes Versagen. Ein Versagen, das auf dem Leugnen der Tatsachen an sich, dem Leugnen von Kausalitäten beruht. Oder auf einer völligen Technikergebenheit. Gar keine Frage, es gibt fantastische Techniken, die wir auch einsetzen sollten. Und es ist beeindruckend, was der Mensch erfinden und konstruieren kann. Und wenn wir unseren Schöpfergeist nutzen sollten, dann gerade im Kampf für unseren Planeten und nicht gegen ihn.

Noch wichtiger wäre es jedoch, die Grenzen unseres Planeten zu schützen: durch Grenzen, die wir uns selbst auferlegen. Wir müssten uns selbst rote Linien ziehen, um die rote Linie der Erde nicht zu überschreiten. Gerade davor haben politische Parteien Angst, denn sie wissen, dass man sie sofort als Verbotsparteien diskreditieren würde, und wer wählt schon eine Verbotspartei? Ermöglicher sind gewünscht, Gestalter. Dabei handelt es sich bei vielen der nötigen Begrenzungen weniger um Verbote als vielmehr um Gebote, Gebote der Stunde. Wissenschaftler haben errechnet, dass jeder Mensch pro Kopf und pro Jahr ein Kohlendioxidbudget von rund zwei Tonnen verbrauchen könnte – derzeit sind es im Durchschnitt zehn Tonnen. Wobei die Hauptverursacher vor allem in den reichen Staaten sitzen. Gerade dort könnte jeder Einzelne etwas tun: Warum immer den großen SUV im Stadtverkehr herummanövrieren? Warum nicht einfach etwas weniger Fleisch essen? Und es gibt etliche weitere Gebote, die hier gar nicht aufgeführt werden müssen, weil sie jeder schon einmal gehört hat. Viele können sie schon nicht mehr hören, weil sich einerseits niemand begrenzen will und andererseits jeder die vielen apokalyptischen und ideologischen Klagegesänge leid ist. Nur: Bei bestimmten Grenzen geht es nicht um Ideologie, sondern um Fakten und um Notwendigkeiten. Und die Grenze unserer Erde ist nicht nur ein Faktum, sie ist nicht nur eine Notwendigkeit, sie ist, um es mit Immanuel Kant zu sagen, die Bedingung der Möglichkeit, jeder Möglichkeit von Leben. Wer diese Bedingung nicht schützt, entledigt sich dieser Möglichkeit. Doch eigentlich entledigt er sich ihrer nicht selbst, sondern er raubt sie den Generationen, die kommen werden. Übrigens nicht den fernen, die wir nicht kennen und niemals kennenlernen werden, sondern bereits denen, mit denen wir zusammenleben.

Es existieren also mehrere Grenzen, die irgendwann nicht mehr verschoben werden können. Neben der Grenze des Planeten drängt sich seit Jahren eine weitere in den Vordergrund, die durch Corona besonders sichtbar wird: die Grenze des Wachstums.

Erst die Klimawandelwarnung, jetzt die Wachstumskritik – die Leier kennt man doch! Ein Klagelied, angestimmt von Grenzromantikern, die selbst gut leben und nichts lieber tun, als anderen wohlfeile Ratschläge zu geben. Das müssen wir uns doch nicht mehr anhören, oder? Leider doch. Denn leider scheint dieses Lied noch gar nicht oft genug gesungen worden zu sein, zumindest nicht laut genug, wird es doch noch immer äußerst erfolgreich überhört und übertönt. Um dies vorauszuschicken: Hier meldet sich keine Wachstumsfeindlichkeit per se zu Wort. Im Gegenteil, in bestimmten Bereichen darf es ruhig ein ordentliches und kontinuierliches

Wachstum geben. Doch ähnlich wie beim menschlichen Wachstum existieren natürliche Hürden, irgendwann wird es ungesund. Und auch in der Wirtschaft, der Gesellschaft und der Ökologie kennen wir das Phänomen, dass es schmerzt, wenn man zu schnell wächst. Bis zu einem Drittel aller Kinder und Jugendlichen in Deutschland durchleiden Wachstumsschmerzen, ein brennendes Ziehen in den Gelenken, Armen oder Beinen. Solche Wachstumsschmerzen finden wir im übertragenen Sinne auch in anderen Bereichen des Lebens. Mit einem wesentlichen Unterschied: Wachstumsschmerzen bei Kindern kann man nicht therapieren, man kann sie nur lindern. Die Wachstumsschmerzen in der Wirtschaft, der Gesellschaft oder der Umwelt, die kann man therapieren – sie lediglich zu lindern reicht nicht aus.

Die Diagnose, dass uns diese Wachstumsschmerzen plagen und immer stärker plagen werden, liegt uns schon lange vor. 1972 hat der Club of Rome ein bemerkenswertes Dokument publiziert, das den Titel trägt: »The Limits to Growth«, auf Deutsch: »Grenzen des Wachstums«. 1972, da kickte Günther Netzer noch mit wehendem Haar, da rannte die Union gegen einen Bundeskanzler namens Willy Brandt an, da gab es jene entsetzlichen Bilder der Geiselnahme während der Olympischen Spielen in München. Erfahrungen und Bilder, die wir nie vergessen werden und dürfen. Aus dieser Zeit also stammt jener Bericht, in dem Formulierungen zu finden sind wie:

»Wenn die gegenwärtige Zunahme der Weltbevölkerung, der Industrialisierung, der Umweltverschmutzung, der Nahrungsmittelproduktion und der Ausbeutung von natürlichen Rohstoffen unverändert anhält, werden die absoluten Wachstumsgrenzen auf der Erde im Laufe der nächsten hundert Jahre erreicht.« Ein Satz und mehrere Grenzen.

Bei diesen Worten steigt ein heiliger Zorn in uns auf und wir möchten einfach nur dieses Papier austeilen, verschicken, streamen, das schon ein Halbjahrhundert auf dem Buckel hat … An dieser Stelle wollen wir uns aber auf das beschränken, was der Club of Rome so klar formuliert: auf die Wachstumsgrenze.

Heute hört man oft: Eigentlich haben die Leute doch nur darauf gewartet, dass tatsächlich mal eine Grenze kommt. Vor allem diejenigen, die sich mit den Systemschwächen auskennen. Die reden ohnehin hinter vorgehaltener Hand oder unter vier Augen und bei nicht eingeschalteten Diktierfunktionen der Smartphones darüber, es sei klar gewesen, dass es so nicht weitergehen könne. Das habe man schon immer gewusst und gesagt, nur die Umsetzung in die Praxis sei nicht so einfach. Man selbst steuere als Intellektueller durchaus seinen Anteil dazu bei, doch umsetzen, das müssten schon andere. – Auch so kann man sich aus der Verantwortung stehlen. Denn tatsächlich wird der ökonomische Wachstumsbegriff immer wieder wie ein Kaktus angefasst oder wie rote Beeren. Mal will keinen Stachel abbekommen und sich nicht die Finger verfärben. Aber braucht man für notwendige Veränderungen – egal auf welcher Ebene und in welchem Bereich – nicht Leute, die genau das machen: Stacheln ertragen und sich die Finger schmutzig machen?

Die braucht es. Weil genau sie es sind, die die Grenzen kennen, setzen und beachten. Führung, egal in welchem Zusammenhang, bedeutet, Grenzen zu kennen und sie bewusst zu setzen – den anderen und sich selbst. Doch um genügend Menschen für dieses Vorhaben zu gewinnen, müssen Fragen beantwortet werden. Fragen nach der Sinnhaftigkeit und Möglichkeit dieser Grenzsetzung. Aber auch sehr konkrete Fragen, die ins Detail gehen. Und es ist zu beachten: Die Frage nach der Wachstumsgrenze darf letztlich nicht nur Warnungen zur Folge haben, sie braucht auch Antworten auf eine ökonomisch formulierte Frage: Was kommt dabei heraus, wenn wir diese Grenzen akzeptieren? Was springt für uns heraus, was haben wir davon?

An beiden Grenzen, der ökologischen wie der ökonomischen, zeigt sich ein Paradox: Einerseits können wir diese Grenzen anhand verschiedener Ursachen, Wirkungen und klarer Daten und Fakten berechnen. Beim Klimawandel beispielsweise geht es nicht um das Ob, sondern um das Wann, wenn nicht eher um das Wie bald. Zugleich stoßen wir auf Grauzonen, müssen auf

Schätzungen und Annahmen zurückgreifen. Eine gewisse Unberechenbarkeit bleibt. Nicht nur in den Diagrammen und Tabellen, sondern auch hinsichtlich der entscheidenden Größe überhaupt: uns selbst. Der Mensch ist eine Größe, mit der man rechnen muss, mit der man aber nur äußerst bedingt rechnen kann. Wie jeder Einzelne von uns und wir zusammen agieren, ist absolut unberechenbar. Es ist nicht festgelegt oder vorherbestimmt, wir sind keine deterministisch agierenden oder reagierenden Glieder einer kausalen Kette. Wir können selbst kausal gesteuert sein, und doch entzieht sich unsere Freiheit jeglicher Berechenbarkeit. Bestimmten Ketten gliedern wir uns ein, andere zerschlagen wir. Jeder von uns hat eine existenzielle Grenze, mit der er rechnen kann und muss. Und zugleich macht ihn seine Freiheit innerhalb dieser Grenze unberechenbar – in einem positiven wie negativen Sinn.

Probieren wir es einfach einmal aus: Gehen wir zu jemandem und sagen ihm: Wie wär's, wenn du mehr bekommen würdest? Nicht nur ein bisschen mehr, sondern du kannst richtig aus dem Vollen schöpfen. Das ist die Urversuchung des Menschen, die uns die Bibel schon in der Erzählung von Adam und Eva schildert. Manche mögen das für eine nette mythologische Erzählung halten, doch unsere Geschichte zeigt, dass es sich auf jeden Fall um ein präzises Psychogramm des Menschen handelt. Gerade gegenwärtig merken wir, dass die Antworten, die wir bislang auf die Begrenztheit dieser Welt gegeben haben, viel häufiger in einem Mehr als in einem Weniger bestanden. Ein Mehr, das wir uns vorgaukeln, das uns glauben machen soll, dass wir durch Technik, durch Mechanisierung, durch Ökonomisierung diese Grenzen überwinden können. Das Perfide: Es gibt jenen unwiderstehlichen Reiz des Fortschritts und des Wachstums an Antworten und Lösungen. Wir haben verinnerlicht, dass es unsere Aufgabe ist, ein Mehr neuer Antworten zu finden, obwohl wir das vielleicht gar nicht müssen. Die Frage nach der Grenze, so scheint es, definiert die Bedeutung des Müssens neu. Einfach gefragt: Was müssen wir tatsächlich, wenn wir an einer solchen Grenze angelangt sind? Was muss ich, wenn ich an solch einer Grenze stehe, wenn ich dort knie, krieche, laufe, wenn ich dort bin?

Grenzen und Tabus mutig anerkennen

Der Frage nach der Grenze liegt, das dürfte bereits angeklungen sein, etwas anderes zugrunde: das Lob der Grenze. Die Grenze als etwas grundsätzlich Positives zu erfahren, setzt einen eigenen Grundton. Die Grenzmarken unseres Lebens, egal ob versetzbar oder nicht, sind Grenzmarken meines eigenen Lebens, sie sind Ausdruck meiner Individualität, sie machen mich aus. Wer seine

Grenzen nicht kennt, kennt sich selbst nicht. Wer nicht an seine Grenzen gekommen ist, ist nicht zu sich selbst gekommen. Seine Grenzen zu kennen, sie zu akzeptieren oder auch zu übersteigen, das bedeutet Identität. Nur wer sich in seinen Grenzen erfährt, erfährt seine Identität.

Das gilt einerseits für jeden einzelnen Menschen, es gilt aber auch für ganze Gesellschaften und für die Menschheit allgemein. Auf gesellschaftlicher und Menscheitsebene werden verschiedene individuelle Grenzmarken zusammengebracht, sie werden gematcht, wie man neudeutsch sagen würde: Grenzmarken ökonomischer Natur, ökologischer, aber auch moralischer. Die Grenzmarken des Einzelnen und des Kollektivs sind das, was man Werte und Tabus nennt. Das *Anything goes* unserer Zeit darf nicht nur als Kampfruf der Glücksritter des Konsums und der Kohlenstoffdioxid-Ballermänner verstanden werden. Es ist auch ein moralisch-ethischer Begriff, der die Kategorie »machbar« vor die Kategorie »richtig« oder gar »gut« stellt. Tabus sind individuelle und gesellschaftliche Grenzmarken, die versetzbar sind, deren Versetzen allerdings erhebliche Konsequenzen nach sich zieht, nicht zuletzt das Versetzen anderer Grenzmarken und damit das Versetzen und Verletzen anderer Grenzen. Wobei es sich hier um Grenzen handelt, die versetzt werden können, aber nicht sollten. Das *Anything goes* ist die scheinbare Entgrenzung des Lebens und der Moral – und es ist die Pervertierung eines Freiheitsbegriffs, der eigentlich die Grenzen des Einzelnen schützen soll. Um es auf eine Formel zu bringen: Dem *Anything goes* ist *nothing holy*.

Dass das Beachten von Grenzen und Tabus letztlich zum Gewinn führt, lässt sich ironischerweise an einem Spiel einfach zeigen, dem beliebten Klassiker »Tabu«. Wahrscheinlich kennt jeder das Spiel, weshalb es nur kurz erklärt werden soll: Das Spiel beginnt zunächst ohne Grenze, beliebig viele Leute innerhalb verschiedener Teams können mitmachen. Das war's dann aber auch schon mit der Grenzenlosigkeit, nun geht's begrenzt zur Sache: Innerhalb einer bestimmten Zeit, wobei die herrlich altmodischen Plastiksanduhren hervorzuheben sind, müssen Begriffe erklärt und erraten werden. Dabei dürfen festgelegte Begriffe nicht verwendet werden, sie sind tabu. Werden sie dennoch verwendet, muss der Spieler sofort den nächsten Begriff nehmen und bekommt einen Punkt abgezogen. Es gewinnt das Team, das als Erstes eine bestimmte Anzahl von Punkten erreicht hat – und das geht nur, wenn es möglichst gut die Tabus beachtet hat.

Das Spiel »Tabu« verdeutlicht auf amüsante Weise etwas Essenzielles: Tabus zu beachten bringt einen oder eine Gruppe vorwärts und näher ans Ziel. Das Ziel, von dem wir hier reden, ist das, was am Anfang unserer Diskussion in Weimar stand: eine Gesellschaft, in der man am liebsten und besten leben würde, im Alltag und in der Krise. Gewissermaßen die beste aller möglichen Gesellschaften, um Gottfried Wilhelm Leibniz' berühmte Formulierung etwas zu variieren. Und eine Welt, in der mehrere Gesellschaften nebeneinander mit dem realistischen Befund existieren, dass der Mensch ein Konkurrenzwesen ist, eines, das nach seinem Vorteil sucht, was an sich nicht verwerflich ist, vielmehr sogar einen Antrieb erhält. Eine Gesellschaft, die solche Tabus beachtet, hätte einen Vorsprung gegenüber anderen Gesellschaften. Der Fortschritt auf dem Spielfeld des Lebens würde dadurch erreicht – je besser bestimmte Grenzmarken beachtet werden, desto schneller und weiter geht es voran. Das, wenn man so will, wäre die Verknüpfung von Fortschritt und Dynamik mit Moral und Menschlichkeit.

Das Tabu schlechthin sollten der Mensch und seine Würde sein. Wie es der ehemalige Bundesverfassungsrichter Ernst-Wolfgang Böckenförde in einem berühmten Diktum zusammengefasst hat, basiert unser Zusammenleben auf Voraussetzungen, die der freiheitliche, säkularisierte Staat selbst nicht garantieren kann. Es braucht, so hat es Böckenförde in späteren Tagen weiterformuliert, ein gemeinsames Ethos, einen »Gemeinsinn«, der nicht zuletzt auf Tabus basiert. Ein Gemeinsinn, der Freiheit garantiert, braucht Grenzen. Freiheit an sich besteht darin, Grenzen zu kennen und anzuerkennen, das ist das Paradoxon der Freiheit.

Das Lob der Grenze ist deshalb durchaus kein rein konsumkritisches Klagelied. Der österreichische Philosoph und Publizist Konrad Paul Liessmann hat das in seinem gleichnamigen Essaybuch auf glänzende Weise ausgeführt. Liessmann singt sein »Lob der Grenze« mit Blick auf verschiedene Bereiche des Lebens: auf Migration und Menschlichkeit, auf Staat und Politik, auf die Grenzen Europas und der Zukunft. Interessanterweise beschreibt Liessmann ein Paradoxon, wenn er die »Grenzen des Risikos« thematisiert. Er beschreibt eine Welt des Wachstums, die das Risiko sucht, was einen besonders markanten sprachlichen Niederschlag im Bereich der Börsenspekulation findet: »Der Begriff des Risikos selbst, so dürfen wir vermuten, entstammt deshalb folgerichtig dem Handel an der Börse.« Und er zitiert den Soziologen Georg Simmel, der es in seiner »Philosophie des Geldes« so ausdrückt: »Alle Geldaufwendungen zu Erwerbszwecken zerfallen in zwei Kategorien: mit Risiko und ohne Risiko.« Die Gesellschaft insgesamt in den Blick nehmend folgert Liessmann: »Die Dynamik der modernen Welt verträgt weder traditionsreiche Institutionen noch langfristige Perspektiven. Man muss jederzeit mit allem rechnen, zu allem bereit sein, auf das alles reagieren können. Ansonsten droht Stillstand, Verkrustung und Versteinerung.«

Zugleich, und das ist das Paradoxon, das wir selbst erleben und das auch Liessmann durchaus anklingen lässt, verspüren wir gerade angesichts der Maxime, dass Stillstand Rückschritt bedeute und nur Fortschritt richtig sei, ein hohes Bedürfnis nach Sicherheit. Die angesprochene existenzielle »Vollkaskomentalität« drückt das aus: Gegen alles und jeden möchte man sich versichern und absichern. Einerseits sprechen wir davon, dass wir unsere Grenzen ausloten, dass wir Risiken eingehen wollen und den Nervenkitzel, den Thrill suchen. Freizeit, aber auch die Gestaltung unseres Berufslebens sehen wir als Bungeesprung, wobei wir manchmal sogar darauf verzichten, das Seil vor dem Sprung zu prüfen. Dem steht andererseits die Hoffnung auf Begrenzung gegenüber, auf das Absichern durch möglichst viele Grenzen. Um auf das Bild des Bungeesprungs zurückzukommen, geht es darum, so viele Seilen wie möglich zu nutzen, sodass das Springen selbst unmöglich wird. Dieses Paradoxon ist das Paradoxon des Risikos, das Paradoxon der Grenze – und letztlich das Paradoxon der Freiheit.

Das Paradoxon der Freiheit findet seine Zuspitzung in der Frage nach der ultimativen Grenze, im wortwörtlichen wie im übertragenen Sinne. Diese Grenze ist zunehmend aus dem öffentlichen Gedächtnis verdrängt worden. Eine Überbetonung der *ars moriendi* ist sicherlich nicht das, was das Leben befördert. Es braucht auch eine *ars vivendi,* eine Lebenskunst, eine Kunst, den Alltag zu leben, ihn auszukosten und zu gestalten, gerade weil er begrenzt ist. Zugleich bedeutet die Verdrängung der Tatsache, dass es irgendwann einmal vorbei sein wird, eine Beschneidung unserer Freiheit. Zu wissen, irgendwann ist hier mal Schluss, und zugleich zu glauben, es geht irgendwie und irgendwo weiter, bedeutet die Anerkennung und das Übersteigen der Grenze in einem. Aus der permanenten Gegenwart – um das Unwort der Echtzeit hier zu meiden – leben wir hinein in die Zukunft. Es gibt Zukunft, aber auch eine Zukunft hinter der Zukunft, denn in der Zukunft sterben wir einmal. Die Zukunft als das eigentliche Offene, als das scheinbar unbegrenzt vor uns Liegende, ist das, was am radikalsten begrenzt ist. In der Zukunft sterben wir, und Grenze und Entgrenzung fallen ineinander. Sich dieser Grenze bewusst zu sein, entgrenzt und befreit. Der Tod ist die ultimative Grenzerfahrung und, so man an ein Leben nach dem Tod glaubt, die endgültige Übersteigung der Grenze. Der Tod steht auch dafür, dass wir wissen: Irgendwann muss es auch mal gut sein. Mehr noch: Irgendwann dürfen wir es auch mal gut sein lassen.

Das Lob der Grenze, die Option, die Grenze als Freiheit und Ermöglichung von Freiheit zu sehen, wird zentral für unsere Welt und unsere Gesellschaft sein. Eine Gesellschaft, die sich als begrenzt erfährt und akzeptiert, sichert und birgt ihre Freiheit. Dieses Lob muss ausformuliert sein. Und zwar nicht nur verbal, sondern auch konkret im Leben. Eine entscheidende Frage, die sich nach Krisen besonders drängend stellt, lautet: Welche Lehre zieht man daraus? Was bleibt, was hat sich wirklich verändert – wenn sich etwas verändert? Dazu gehören wesentlich Fragen nach Grenzen, sei es nach dem Finanzcrash oder Fukushima, nach der OPEC-Krise oder Corona. Die Frage lautet: Wie wird sich der Patient verhalten? Gibt es eine Katharsis oder geht man einfach wieder zum *business as usual* über, im wahrsten Sinne des Wortes? Wahrscheinlich werden Ende des Jahres die Kohlenstoffemissionen leicht gesunken sein: Feiern wir das? Führt es dazu, dass Begrenzungen aufgehoben werden? Oder wird diese Grenze ernst genommen, vielleicht sogar noch mehr?

Schrankenlosigkeit und Grenzenlosigkeit sind physisch wie im übertragenen Sinne Zeichen der Globalisierung und Digitalisierung. Mit jedem Telefonat, mit jeder E-Mail und mit jeder Videokonferenz überschreiten wir Grenzen. Wir definieren Präsenz und Anwesenheit neu, wir sprechen schon von e-meetings als neuer Form des Kennenlernens. Diese Schrankenlosigkeit hat zahlreiche Vorteile mit sich gebracht, die Reisefreiheit ist nur eine davon. Gerade die aber wird begrenzt, die physischen Grenzen, die Grenzen zwischen Ländern, Kulturen und Gesellschaftsschichten scheinen die einzigen zu sein, die wieder errichtet und bewacht werden. Während die Grenzen unseres Planeten nicht beachtet werden, wachen wir umso eifersüchtiger und argwöhnisch über die Grenzen unserer Länder. Dieses Abschotten ist ein Abgrenzen, das nicht zur Freiheit führt, sondern Freiheit begrenzt, und zwar in keinem guten Sinn. Diese Grenzerfahrung an Zäunen und Mauern ist keine, die uns weiterbringt.

Es existieren sinnvolle Schranken und Grenzen, keine Frage. Doch das »Bis hierher und nicht weiter« der Orbans oder Trumps ist kein Ausdruck von Menschlichkeit, es sichert nicht die Würde des Menschen, im Gegenteil.

Der Mensch ist existenziell gesehen ein Grenzgänger, und er soll es sein. Er soll seine Grenzen ausloten und kennen, er soll sie überschreiten, im Denken, aber auch auf einer konkreten physischen Ebene. Wenn wir uns abschotten, wenn wir uns isolieren, wenn wir Schutzzäune um uns herum bauen, schöpfen wir unser Potenzial nicht aus. Es ist das, was alte Denker das »in sich verkrümmte Herz« nennen, das nur auf sich ausgerichtet ist und das nichts mit dem zu tun hat, was vom lateinischen Begriff für Herz ausgeht: *Cor*, das steckt im italienischen *corragio* und im französischen *courage*, das auch die englische Sprache kennt. Es bedeutet »Mut« und bezeichnet das, was es wesentlich auch braucht, um Grenzgänger zu sein: die Weitsichtigkeit, Grenzen zu sehen und anzuerkennen. Aber auch den Mut, Grenzen zu versetzen oder anderen aufzuzeigen. Den Mut, Grenzen und Tabus anzuerkennen. Zu leben bedeutet, Grenzgänger zu sein, es bedeutet, couragiert zu leben.

DAS DORF UND EINE NEUE NACHBARSCHAFT

Wir haben oben ein bisschen Strecke über Strecke und Streckengeschäft gemacht. Entscheidend ist: Wir werden unweigerlich auf der Strecke bleiben, wenn es uns nicht gelingt, neue, alternative Wege zu finden, nicht erneuerbare Ressourcen zu sparen und gleichzeitig nachwachsende zu fördern. Die Rückkehr zur Vorratskammer, im wörtlichen wie im übertragenen Sinn, stellt dabei eine zentrale Notwendigkeit dar: Wir brauchen Vorratskammern – auch existenzielle. Wir müssen Dinge wieder vorrätig haben, wir müssen sie vorhalten und dürfen nicht alles auf die Strecke verschieben – und vor allem nicht alles auf weite Strecken.

Ein Ort, an dem die Strecken klein und die Wege kurz sind, ein Ort, der sich dadurch auszeichnet, dass dort alles Notwendige zu bekommen ist, war früher das Dorf. Bei Wikipedia liest man dazu Folgendes: »Als Dorf wird zumeist eine überschaubare Gruppensiedlung mit geringer Arbeitsteilung bezeichnet, die im Ursprung durch eine landwirtschaftlich geprägte Siedlungs-, Wirtschafts- und Sozialstruktur gekennzeichnet ist.« Den Kontrast dazu bildet ein ganz anderes Dorf, das *Globale Dorf*, das *Global Village* – ein Begriff, den der kanadische Popphilosoph Marshall McLuhan schon vor Jahrzehnten in die öffentliche Debatte eingeführt hat. In einem Artikel aus dem Jahr 1967 brachte der SPIEGEL die Polarisierung, die von McLuhan und seiner Idee ausging, so auf den Punkt: »Dabei ist nicht der ganze McLuhanismus Quatsch. Durchaus zutreffend beschreibt er wesentliche Merkmale der modernen technischen Welt – einer Welt beschleunigter Kommunikationen, die, wie McLuhan es ausdrückt, mit Hilfe der Medien des schnellen Transports von Menschen, Nachrichten und Bildern zu einem ‚globalen Dorf' zusammengeschnurrt ist, in deren Vorgänge jeder zu jedem Augenblick gleichermaßen ‚involviert' (verstrickt) ist.« Heute wird der Begriff oft ausschließlich und verklärend für das Internet verwendet; für McLuhan war das *Global Village* hingegen durchaus nicht rein positiv besetzt. Der Gedanke der Welt als Dorf hat sich jedenfalls auf die eine oder andere Weise bis heute gehalten, ist hier aber nicht gemeint, wenn wir uns Gedanken zum Dorf machen. Um es zuzuspitzen: Die Welt hat sich globalisiert – ein Dorf ist sie damit aber noch lange nicht geworden.

Kurze Wege können lange halten

Vorab: Sollte im Folgenden der Eindruck entstehen, wir wären Dorfromantiker, dann ist das nicht etwa irreführend, im Gegenteil, wir sind tatsächlich Dorfromantiker. Aber keine naiven. Wir beide sind in einem Dorf aufgewachsen, und wir kennen auch die Schattenseiten des Dorfes. Das argwöhnische Beäugen, den Neid, die Enge, vor allem die Enge in den Köpfen. Und dennoch bietet das Dorf in vielerlei Hinsicht das, was jene Gesellschaft, in der wir leben wollen, auszeichnen sollte.

Der große Vorteil von Dörfern oder von kleinen Städten sind die Wege. Denn die sind kurz. Aber nicht nur das. Entscheidender ist, dass wir auf diesen Wegen selten allein sind. Sicher, auch das kann passieren, vielleicht am ganz frühen Morgen, wenn nur der Zeitungsausträger unterwegs ist. Oder spät in der Nacht, wenn die Kneipe auch schon längst geschlossen hat. Bei Weitem häufiger allerdings sind die Dorfwege alles andere als verwaist. Wir treffen hier auf Menschen, von denen wir die meisten kennen, manchmal hat man sogar denselben Weg und geht dann ein Stück zusammen. Ein geflügeltes Wort sagt, man sehe sich im Leben immer zweimal. Im Dorf stimmt das nicht. Im Dorf sieht man sich viel öfter, manchmal sogar Tag für Tag, und das über Jahrzehnte hinweg.

Das kann sich auch negativ auswirken. Alte Geschichten, die nicht richtig auserzählt worden oder gar nicht wahr sind, können sich ins Innere der Menschen eingraben, Geschichten, die sich im Dorfkörper abgelagert haben, als würde die Verdauung nicht richtig funktionieren, und die man nicht mehr los wird, Geschichten, die ein Dorf zu zerreißen drohen, vor allem dann, wenn niemand da ist, der irgendwann einmal für Klarheit sorgt. Positiv kann dagegen sein, dass im Falle eines Falles sofort jemand da ist, dass man, wenn etwas Schlimmes geschieht, nicht einfach in der Anonymität versinkt. Man sieht sich ja wieder. Im Dorf schaut man aufeinander – manchmal vielleicht auch zu sehr.

Dass man sich im Dorf mehrmals sieht, hat übrigens auch noch eine andere Konsequenz: Wer wie die Axt im Walde herumholzt, wird bald keine Bäume mehr zum Fällen finden, sie gehen ihm einfach aus dem Weg. Wer wie eine Wildsau durch das Dickicht menschlicher Beziehungen bricht, braucht sich nicht zu wundern, dass ihm keiner mehr heraushilft, wenn er irgendwann hängen bleibt. Kurz: Im Dorf kann es wichtiger sein, sich genau zu überlegen, wie man sich benimmt, als in der Stadt.

Das soll natürlich keine Aufforderung sein, sich in der Stadt wie eine Axt im Walde oder wie eine Wildsau aufzuführen, nur weil dort unter Umständen weniger direkte Konsequenzen zu erwarten sind. Im Gegenteil: Wer in der Stadt lebt, sollte das Dorf im Kopf haben. Zumindest in dieser Hinsicht.

Wir kommen beide aus Dörfern oder Kleinstädten, ich (Thomas Schwartz) lebe noch heute in einem Dorf. Dort bin ich weniger Professor, sondern in erster Linie Pfarrer. Aufgewachsen bin ich in der Pfalz, und wenn ich heute dort hinkomme, dann bin ich immer noch »em Lilli sei Bu«. Ich bin also nicht Thomas Schwartz, der Professor oder Pfarrer oder was auch immer, sondern schlicht und einfach der Sohn meiner aus dem Dorf stammenden Mutter oder der Sohn ihres Mannes, meines Vaters, also »em Willi sei Bu«. Wer ich bin, das gründet zunächst einmal auf meiner Herkunft und Verwandtschaft. Ich (Harald Lesch) stamme aus einem Dorf in Hessen und war Enkelsohn des größten Gastwirts im Dorf. Mich kannten alle, ich kannte alle. Und ich erlebte, dass, egal wer bei uns in die Gaststube kam, alle gleich behandelt wurden. Es spielte keine Rolle, ob es der Lehrer war, der Apotheker oder der August. Und auch heute, wenn ich ins Dorf komme, ist das nicht anders. »Ei, Harald, ich hab dich im Fernsehen gesehen.« Das war's. Ansonsten heißt es: »Das ist der Renate ihrn Jung.« Es gibt in der Kommunikation eine unglaubliche Gleichheit.

Du-Kultur und zwei Jungs in der Großstadt

Diese Gleichheit wird durch ein einfaches Wort mit zwei Buchstaben ausgedrückt: Du. Ein Dorf duzt. Die Wege sind hier also auch in der Kommunikation deutlich kürzer. Die Entfernung der Formalität des »Sie« wird direkt übersprungen. Das läuft im Nullkommanichts und teilweise ohne dass man sich vorher gesehen haben muss. Ich (Harald Lesch) erinnere mich zum Beispiel an eine Begegnung, über die ich heute noch lachen muss: 2012 wurde ich als Hochschullehrer des Jahres geehrt. Die ganze Veranstaltung fand im Schloss Herrenhausen statt, als Laudator wurde Klaus von Klitzing gewonnen, Physik-Nobelpreisträger. Da war also wirklich einiges geboten, die Leute hatten sich herausgeputzt, alles war vom Feinsten. Irgendwann kam ein Mann auf mich zu, stellte sich vor, er sei Präsident der Medizinischen Hochschule in Hannover. Kurze Pause. Dann: Er habe gehört, ich sei aus dem Vogelsberg. Ich: »Ja, ich bin aus Nieder-Ohmen.« Er, direkt im Dialekt: »Ei ja, ich bin aus Groß-Felda, was machst denn du hier?!« Wir hatten uns vorher noch nie gesehen, und wir sahen uns auch hinterher nie wieder, aber innerhalb dieser sehr förmlichen Veranstaltung waren wir plötzlich einfach zwei Jungs vom Lande, die es nach Hannover und München verschlagen hatte.

Der Mann fasste es simpel zusammen: »Du kriegst jetzt ja noch einen Preis – ah, Kerle, Kerle, was mir Kerle aus dem Vogelsberg so alles schaffe.« Da war sofort Gemeinschaft, Genossenschaft, ausgedrückt durch den Dialekt.

Warum wir das hier schreiben? Nicht, weil wir den Fokus auf die Herkunft richten wollen. Denn eine Gesellschaft, in der allein die Herkunft zählt, kann gefährlich sein. Nicht die Herkunft darf über den Wert eines Menschen entscheiden. Was uns am Dorf aber so fasziniert, sind die kurzen Wege, die tatsächlichen ebenso wie die emotionalen. Es sind die kurzen Wege, auf denen wir schneller zusammenkommen und zueinander finden. Sie sind es, die uns wichtig erscheinen. Nicht der Leistungsnachweis einer Unistelle ist von Bedeutung, nicht die Habilitation oder die veröffentlichten Bücher. Entscheidend ist die Beziehung, wichtig ist die Relation. Und auch wenn wir das Dorf hier etwas idealisiert dargestellt haben: Das Dorfprinzip der kurzen Wege bildet etwas von dem ab, was unserer Gesellschaft manchmal fehlt: Relation und Personalität. Man ist eben nicht der Pfarrer, der Professor, der Autor. Sondern der Thomas, »em Willi sei Bu«, oder der Harald vom Wirt am Platz. Und man ist nicht nur Sohn, sondern auch Ich, Thomas oder Harald. In dieser Atmosphäre entstehen Nähe und ein Interesse am anderen, das über Titel oder berufliche Leistungen und Erfolge hinausreicht.

Diese kurzen Wege des Dorfprinzips, und das ist entscheidend, beschränken sich nicht auf das Dorf. Ich (Thomas Schwartz) erinnere mich noch, wie ich vor Jahren in New York in der Hochschulgemeinde der *New York University* einen Gottesdienst hielt. Selbstverständlich konnte jeder hören, dass ich Deutscher bin. Nach der Messe kam eine junge Ärztin auf mich zu, sie war Post-Doc an der Medical School, und fragte, ob ich Deutscher sei. Sie sei Deutsche. Ich erklärte, ich käme aus der Nähe von Kaiserslautern, und sie antwortete nur: »Isch aa.« Später habe ich ihr Kind getauft, und noch immer schreiben wir uns regelmäßig und sind befreundet. Die Welt wurde in diesem »Isch aa« so klein, so positiv klein, und heimelig. Die Welt wurde fassbar. Mitten im Moloch New York hatte ich ein Stück Dorf erlebt, das nicht wieder verloren ging. Ich erlebte in dieser unüberschaubaren Stadt ein Stück Überschaubarkeit, erfuhr in dieser superkomplexen Metropole etwas Komplexitätsreduktion – und das ist für uns Menschen von enormer Bedeutung. In einer Welt, die gefühlt immer komplexer wird, kann das so verstandene Dorfprinzip unglaublich entlastend sein. Das Dorfprinzip bedeutet in diesem Fall etwas, was wir mit dem Dorf oft nicht sofort in Verbindung bringen: Freiheit und Freiraum.

Unsere Gesellschaft sollte mehr einer Gemeinschaft ähneln, einer Dorfgemeinschaft, die sich dadurch auszeichnet, dass die Komplexität, die wir zunehmend als Einengung oder gar Bedrohung empfinden, reduziert wird. Unsere Gesellschaft sollte zugleich einer Gemeinschaft ähneln, die aus direkten Beziehungen besteht und in der Individualität nicht egalisiert wird. Als Kind bekam ich (Harald Lesch) die erste Schallplatte meines Lebens geschenkt, die Brandenburgischen Konzerte von Johann Sebastian Bach. Ich war hin und weg. Bei uns zu Hause liefen immer nur Ernst Mosch und die Original Egerländer oder Slavko Avsenik und die Original Oberkrainer. Mein Vater war ein eingefleischter Fan von Volksmusik, und auf einmal hatte ich eine Schallplatte von Bach. Das war für mich im kleinen Dorf die große Musikwelt. Das Ehepaar, das mir das Geschenk gemacht hatte, ist bis heute für mich mehr Erzieher und Lehrer geblieben als viele Intellektuelle, die ich in meinem Leben getroffen habe. Oder der Mann, der mir als Vierzehnjährigem das Tischtennisspielen beigebracht hat, bei dem ich auf der Baustelle gearbeitet habe und bei dem ich voller Neid und Bewunderung saß, wenn er aus Ägypten zurückgekommen war oder aus Rom und mir Bilder vom Vatikan zeigte.

Diese Beziehungen prägen und drücken die Ambivalenz des Dorfes aus: Einerseits kennt man die Nachbarschaftsstreitigkeiten um Hecken oder den Neid über das größere Auto. Wenn man Außenseiter ist, kann das Dorf Enge bedeuten, es kann sogar zum Sinnbild für Ausgrenzung und gesellschaftliche Stigmatisierung werden. Dieses Dorfprinzip meinen wir nicht. Was wir meinen, ist ein Dorfprinzip der kurzen Wege zueinander – emotional und ehrlich, kommunikativ und konkret helfend. Ein Prinzip der Komplexitätsreduktion, das sich durch eine Einfachheit auszeichnet, die auf den ersten Blick schnell mit Spießigkeit verwechselt werden kann. Durch ein Interesse, das auch in Voyeurismus umschlagen kann, das sei durchaus zugestanden. Doch diese Zugewandtheit ist ein Interesse im Sinne des lateinischen *inter-esse*, eines Dabei- und Dazwischen-Seins, eines Anteilnehmens an der Persönlichkeit und dem Leben des anderen. Wenn wir meinen, dass die Welt wieder ein bisschen mehr Dorf sein soll, dann zielen wir gerade darauf: Interesse im Sinn einer Anteilnahme als Alternative zur Anonymität der Großstadt, in der wir wie vereinzelte Monaden vor uns hinleben. Hinleben, nicht miteinander leben. Das Dorf als Ausdruck des geteilten Lebens kann, so glauben wir, auch in einer Großstadt verwirklicht werden, es ist nicht auf einen bestimmten Ort beschränkt. Es macht die Unberechenbarkeit des Lebens nicht weniger unberechenbar, aber die Unübersichtlichkeit etwas übersichtlicher.

Entscheidend sind auch hier die Relationen, die Beziehungen. Das Gefühl der Unberechenbarkeit schenkt uns einerseits ein Gefühl von Freiraum und Freiheit. Es ist nicht alles vorherbestimmt, und wir selbst sind es, die das Leben gestalten können. Gerade das – und hier endet das Idyll – findet oder fand im dörflichen Umfeld weniger oft statt. Die Relation bestimmte, dass man Metzger wurde, wie das schon der Vater oder die Mutter vorgelebt hatte, oder dass man in der Bank arbeitete. Nicht, dass es schlimm wäre, Metzger zu sein oder als Bankangestellter seine Brötchen zu verdienen. Doch die freie Wahl war durch familiäre Vorgaben deutlich eingeschränkt. Ein solches Dorfprinzip bot wenig oder keinen Freiraum, und die kurzen Wege führten lediglich dazu, dass unser existenzielles Spielfeld kleiner und schmaler wurde. Es waren immer dieselben Wege, die man gehen sollte, ausgetretene Pfade, weder befriedigend noch inspirierend. Diese Seite des Dorfes oder der Kleinstadt, das dürfte klar geworden sein, meinen wir nicht, wenn wir das Dorfprinzip postulieren. Worum es uns geht, ist der Balanceakt, die Unberechenbarkeit des Lebens als existenzielles Nicht-determiniert-Sein zu begreifen und gleichzeitig nicht im Gefühl der völligen Willkür des Lebens zu versinken. Die Relationen schenken uns dabei Sicherheit, Verlässlichkeit. So wie Rituale Leitplanken des Alltags sein können, so sind Relationen Haltestellen der Seele, Geländer des Lebens. Und das kann, wie oben beschrieben, eine Mischung aus Individualität und Kollektivität sein.

Ich (Harald Lesch) habe eine ganze Zeit lang im Rheinland gelebt. Um es genauer zu formulieren: Meine

Menschwerdung fand im Rheinland statt. Mir klingt das heute noch im Ohr: »Isch hab disch hier noch nie jeseh'n. Wat machst du denn?« Eine Frage, die der Rheinländer durchaus auch aus ganz eigennützigen Gründen stellt, frei nach dem Motto: »Hat der irjendwat, wat der mir ausleihen kann, ja, dann brauch ich dat nit zu kaufen.« Wenn ich dann ins Erzählen geriet, bekam ich zu hören: »Ja, du bist doch Astronom – hier Jupp, mach mal zwei Kölsch, zwei Grappa! Hör mal, ich hab jetzt hier inne Fachzeitung, ich glaub, es war die BILD, jelesen: Wie is dat denn mit den schwarzen Löchern?« Und dann war für meinen neuen Bekannten klar: Wenn ich irgendwas wissen will zu Sternen oder so, dann frag ich den Harald. »Der kann dat aufm Bierdeckel erklären …« Man wurde sofort in die große Dorffamilie aufgenommen.

Später zog ich nach München, und jeden Samstagnachmittag gehörte es zu meinen Ritualen, draußen zu fegen und Radio zu hören. Samstagnachmittag, Radio – klar, was da lief: Bundesliga. Irgendwann, als ich so am Kehren war, kam eine Nachbarin zu mir: »Ja, Herr Professor Lesch«, sagte sie, »ich kenne da einen jungen Polen …« Ich: »Ja, das ist aber schön.« – »Ja, der kann das ja für Sie machen. Der kann doch kehren.« Ich: »Nee, also das Kehren am Samstagnachmittag, das hat für mich meditativen Charakter. Das muss sein!« Und dann versuchte ich ihr noch zu erzählen, dass früher im Rheinland nachmittags ab halb vier alle Männer mit dem Besen draußen waren. Irgendwann stand man nur noch so da, und einer fragte mit hundertprozentiger Sicherheit: »Soll ich ’n Kölsch holen?«

Grappa, Bundesliga und Global Neighborhood

Wir wollen kein Loblied auf Kölsch oder Grappa anstimmen und auch keines auf die Bundesliga. Was aber unbedingt gelobt werden soll, das ist die mit einem Anlass, mit einer bestimmten Tätigkeit verbundene Gewohnheit. Das kann durchaus eine Tätigkeit sein, die manch einem vielleicht nicht »standesgemäß« erscheinen mag, aber sie erzeugt Gemeinschaft. Fußball, Kehren um halb vier am Nachmittag, all das bildet eine Gemeinschaft, die genau dafür zusammenkommt. Wenn man so will, ein kleines Dorf, eine kleine Gemeinde inmitten einer größeren Stadt. Quartiercharakter oder Veedel, wie der Kölner sagen würde. Die Beziehung ist flüchtig, aber es ist eine Relation da. Das Dorf als Prinzip ist in diesem Fall so etwas wie die Relativitätstheorie des Lebens.

Die Unberechenbarkeit des Lebens als Freiraum und Freiheit zu begreifen und sie so auch zu erleben fällt in Krisenzeiten ohne Zweifel schwer. Umso wichtiger wird es deshalb, Unberechenbarkeit von Unüberschaubarkeit zu unterscheiden und Berechenbarkeit von Überschaubarkeit. Überschaubarkeit bedeutet zum Beispiel, dass man den Überblick über einen gewissen Grad von Komplexität behält. »Überschaubar« heißt aber auch, dass man weiß, dass es Grenzen gibt, dass man Grenzen anerkennt. Überschaubarkeit impliziert deshalb auch ein menschliches Verhalten: »Pass auf, bis dahin kann ich blicken, da kann ich dir auch einen vernünftigen Rat geben – aber was dahinter kommt, und da kommt etwas dahinter, das kann ich nicht mehr sehen, nicht mehr überblicken.« Sich vorzugaukeln, man könne alles überblicken, wie das in manchen wirtschaftlichen oder politischen Belangen getan wird, erkennt die Unüberschaubarkeit, die sich hinter dem Überschaubaren verbirgt, nicht an – und auch nicht die Unberechenbarkeit. Zum dörflichen Charakter gehört deshalb auch ein bestimmtes Verhalten, in dem sich bemerkbar macht, dass man sein Dorf oder seinen Kiez – im wirklichen wie existenziellen Sinne – überschaut, das andere Dorf aber nicht mehr. Ein Verhalten, in dem sich das Wissen widerspiegelt, dass das eigene Dorf hier endet und dort ein anderes beginnt, und das sich nicht anmaßt, auch im anderen Dorf alle Bezüge, alle Beziehungen zu kennen. Wenn wir sagen, dass die Welt in diesem Sinne wieder mehr ein Dorf sein soll – und durchaus kein *Global Village* –, dann beinhaltet das nicht nur die Forderung nach Personalität, nach kurzen Wegen des

Miteinanders, sondern auch das Eingeständnis ihrer begrenzten Überschaubarkeit und der eigenen Grenzen. Dörfler zu sein bedeutet zum einen, seine Mitmenschen zu kennen, aber auch um die Grenzen seiner selbst zu wissen und um die seiner Mitmenschen und Nachbarn. Ein Dörfler ist am Nachbarn interessiert, er kennt die Bedürfnisse anderer, ohne in Voyeurismus abzudriften. Ein Balanceakt der ehrlichen Anteilnahme, ohne übergriffig zu werden.

Heißt die Devise also zurück zum Dorf? Für manch einen mag das in der Tat der richtige Weg sein. Uns geht es aber eher um das Dorfprinzip oder um bestimmte Prinzipien des Dorfes, wie wir es zu zeigen versucht haben. Zum Dorf gehören auch negative Faktoren, die bereits angeklungen sind. Und es gehören Balanceakte dazu, denkt man etwa an das richtige Verhältnis von Nähe und Distanz, von Interesse und Indiskretion, von Hilfe und Wichtigtuerei, im Bairischen auch *Gschaftlhuberei* genannt, fachmännisch sogar *Gschaftlhuawa*. Ein anderer Balanceakt besteht darin, die Eigenheiten und Sensibilitäten eines Dorfes zu beachten. Es ist ein sensibles Gebilde, es gleicht einem komplexen Ökosystem, das auf vielen Konventionen und ungeschriebenen Gesetzen, auf Traditionen und Gewohnheiten beruht. Für Zugezogene wirken solche Dörfer häufig wie der reinste Urwald, undurchdringlich und mit der unausgesprochenen Garantie, sich heillos darin zu verirren. Insofern ist das Dorfsystem, das, wie angemerkt, durchaus auch in der Großstadt existieren kann und uns Heimat und Überschaubarkeit vermittelt, ein relativ geschlossenes und dadurch besonders sensibles System. Hier sind die Wechselwirkungen und der Impact stärker und unmittelbarer als in der Anonymität einer Großstadt. Wenn der Metzger dem Schreiner einen schönen Baugrund wegschnappt, wird es wahrscheinlich Ärger geben. Geht die Kinderärztin mit dem Standesbeamten fremd, gibt es ihn ziemlich sicher. Das Dorfsystem bietet also durchaus die oben geschilderten Vorteile, es ist möglicherweise ein überschaubareres System, aber es ist kein perfektes System. Es gibt kein perfektes System zwischen Menschen. Menschen als sich verändernde Lebewesen unterliegen ständig Veränderungen, nicht nur in ihrem Habitus, sondern in der Form, wie sie mit sich und den anderen umgehen. Unsere Ausgangsfrage war ja, in welchem System man leben möchte, in welchem Umfeld man bestimmte Katastrophen erleben möchte. Überschaubare Systeme müssen flexibel, sie dürfen gerade nicht komplett starr sein. Geschlossenheit als vollkommene Isolation zu begreifen, wäre fatal, die Offenheit ist ein entscheidender Punkt für die Weiterentwicklung von Systemen und einzelnen Systembestandteilen.

Die Überschaubarkeit impliziert daher vor allem eine Überschaubarkeit echter menschlicher Beziehungen, um sie ernst nehmen zu können, und zugleich keine Geschlossenheit, um offen für neue Relationen zu sein – und zu bleiben. Es geht nicht um dieses oder jenes Haus, sondern um zwischenmenschliche Kategorien, um nachbarschaftliche Kategorien. Es geht darum, ein Nachbar zu sein im Sinne von sich nahe sein. Im Italienischen spricht man beispielsweise von *il vicino*, dem Nachbar, und von *vicino a*, nahe.

Eine so verstandene Nachbarschaft beinhaltet neben den geschilderten Aspekten noch einen weiteren entscheidenden Gesichtspunkt: Vertrauen. Der Nachbar unseres Vertrauens, das kann der Nachbar im eigentlichen Sinne sein, der direkt nebenan wohnt oder über oder unter uns. Es kann sich aber auch um den Italiener handeln, die Musiklehrerin oder den Schneider, zu dem wir Vertrauen haben. Damit sich Vertrauen bilden kann, braucht es Verlässlichkeit, Erwartungssicherheit, und es braucht Persönlichkeit und Personalität. Gerade in überschaubaren Systemen können personelle oder strukturelle Veränderungen einschneidend sein. Die katholische Kirche beispielsweise erlebt das derzeit mit den Reformen, die auf den Mangel an Haupt- und Ehrenamtlichen, nicht nur auf den oft beschworenen Priestermangel zu reagieren versuchen. Unter dem furchtbaren »Motto« – eher ein Unwort denn ein Schlagwort! – *Kirche zieht sich aus der Fläche zurück* werden Strukturen abgebaut, und es wird so getan, als seien die, die das nicht gutheißen, ewig gestrige Sektierer und nicht Kirche. Aber seien wir ehrlich: Da geht Personalität verloren, Überschaubarkeit sowieso, und nicht alles kann digital ersetzt werden. Vertrauen ist gerade hier ein entscheidender Faktor.

Ein anderes Beispiel: Es gibt nichts Schlimmeres, als zu einem Amt zu kommen, in dem man noch vor vier Wochen ein außerordentlich intensives und gutes Gespräch geführt hat, nun aber den Ansprechpartner verloren hat. Man kommt in dasselbe Zimmer, und da sitzt jemand, der überhaupt nicht weiß, worum es geht. Das wirft einen um und lässt keinen Platz für Vertrauen. Wie geht man damit um? Man kann sich an jemanden außerhalb der Struktur wenden und versuchen, von außen auf das System einzuwirken, es zu stören, es anzugreifen – und auch als ein solcher Angriff wahrgenommen zu werden. Der Vertrauensverlust der Bürger in Italien zu ihrem Staat, seinen Ämtern und Behörden und, noch dramatischer, zu den europäischen Institutionen, ist ein besonders prominentes Beispiel für das amtliche Chaos unserer Tage. In diese institutionalisierte Unsicherheit und Unüberschaubarkeit springen der *vicino* und noch mehr die *famiglia* ein, die bis heute in vielen Fällen und in weiten Kreisen und Schichten der italienischen Bevölkerung nicht nur Klischee, sondern überlebenssichernde Wirklichkeit sind.

Stabil muss es sein

Die Instabilität von Beziehungen, die unsere Gegenwart prägt, ist einer der Gründe, warum das Leben heutiger Menschen unberechenbarer geworden ist. Kontinuität als Ausdruck des dörflichen Prinzips ist daher wichtig, um die Unberechenbarkeit als Freiraum, aber nicht als komplettes Chaos zu begreifen und zu erleben. In Ministerien oder anderen Behörden, die die Dauerrotation von Mitarbeiterinnen und Mitarbeitern zum Prinzip erheben, wird die Unberechenbarkeit zum System. Man stelle sich einen Sonderforschungsbereich vor, der über zehn Jahre hinweg arbeiten soll und für den richtig viel Geld in die Hand genommen wird. Nun wechselt dauernd die Abteilungsleiterin oder der Abteilungsleiter, und immer wieder kommt es vor, dass der oder die Neue keine Ahnung hat oder den genauen Untersuchungsgegenstand des Forschungsauftrags einfach nicht versteht, obwohl die Akten gelesen wurden. Denn was ganz bewusst ausgeklammert wird, ist die zwischenmenschliche Kommunikation, die nicht auf dem Papier steht, weil sie als gefährlich, als nicht *compliant* abgelehnt wird. Dann entscheiden nur noch Papier und Aktenlage, nicht aber Persönlichkeit. Personalität ist ausgeschlossen, und das geschieht im Sinne der Transparenz oft auch aus gutem Grund. Und dennoch ist klar: Die Personalität spielt bei dem unmittelbaren Zusammenleben eine Rolle. Was man nicht personalisieren kann, mit dem kann man auch nicht wirklich zusammenleben. Man kann nebeneinanderher existieren, ohne im eigentlichen Sinne zusammenzuleben. Zum Zusammenleben braucht es die Personalisierung. Das gilt sogar für die Natur, die ebenfalls in gewisser Weise unser Nachbar sein muss, damit wir wirklich im Einklang mit ihr leben können. Auch sie müssen wir gleichsam personalisieren, wenn wir sie auch nicht als Menschen sehen dürfen. Das dörfliche Prinzip erstreckt sich daher, wenn man so will, auch auf die Natur. Wir müssen auch Nachbarn der Natur sein und die Natur unser Nachbar. Nicht nur die Natur an sich, sondern das, was Natur ausmacht.

Das Lob des Dorfes, das wir hier singen, ist deshalb an dieser Stelle vor allem ein Lied der Person, der Personalität und der Relationalität, der Nachbarschaft, der Vertrautheit und der Nähe. Die Digitalisierung gibt uns mittlerweile die Möglichkeit, auch dem Fernen nah zu sein. Aber Fernstehende, und so formuliert man es ja bewusst, werden auch durch die Digitalisierung nicht so ohne Weiteres zu unserem Nachbar werden. Es geht, um das noch einmal klar zu betonen, nicht um das Lob des Dorfes, sondern um eine Gruppe, ob es nun *Gemeinschaft* oder *Community* heißt. Sie muss eine überschaubare Größe haben, eine Nähe, die eine stärkere Relationalität zulässt, und sie muss vor allem

Vertrauen ermöglichen, um damit eine neu ausbuchstabierte Nachbarschaft entstehen zu lassen. Entscheidend, um den Eingangsgedanken aufzugreifen, ist nicht das *Global Village*. Nein, wir müssen vielmehr zur *Global Neighborhood* kommen, um die Vorteile des Dorfprinzips weltweit zu sichern und zu verankern.

SCHILLER UND STEPI:

MANCHMAL MUSS MAN SPEKULIEREN

Wir halten es sehr mit dem alten Goethe. Merkt man das? Aber nicht nur Johann Wolfgang Goethe steht bei uns hoch im Kurs. In diesem Kapitel geht es um den anderen großen Schriftsteller und Denker, der immer in einem Atemzug mit Goethe genannt wird, und um einen Frankfurter Philosophen der Neuzeit, der kurze, aber besondere Weisheiten hinterlassen hat.

Zunächst aber zu dem großen Schriftsteller. Man ahnt es schon, wir meinen Friedrich Schiller. Im 15. Brief seiner Abhandlung »Über die ästhetische Erziehung des Menschen« schreibt er den berühmten Satz: »Denn, um es endlich auf einmal herauszusagen, der Mensch spielt nur, wo er in voller Bedeutung des Worts Mensch ist, und er ist nur da ganz Mensch, wo er spielt.« Und er stellt selbstbewusst fest: »Dieser Satz, der in diesem Augenblicke vielleicht paradox erscheint, wird eine große und tiefe Bedeutung erhalten, wenn wir erst dahin gekommen sein werden, ihn auf den doppelten Ernst der Pflicht und des Schicksals anzuwenden; er wird, ich verspreche es Ihnen, das ganze Gebäude der ästhetischen Kunst und der noch schwierigeren Lebenskunst tragen.«

Über den *Homo ludens* bei Schiller ist ausreichend viel gesagt, geschrieben, interpretiert und diskutiert worden. Für uns ist interessant, dass Schiller, wenn er das Spiel thematisiert, nicht etwa über Kindererziehung spricht, sondern über Lebenskunst. Schiller geht es mit dem spielenden Menschen gerade nicht um die Verklärung einer naiven Kindlichkeit, sondern um einen Lebensstil, der vornehmlich mithilfe der Kunst zur Erziehung des Menschen beitragen soll. Im 22. Brief, unmittelbar vor seiner bekannten und folgenreichen Unterscheidung von »Stoff« und »Form«, konkretisiert Schiller, was er unter »Spiel« versteht: »Wir verlassen eine schöne Musik mit reger Empfindung, ein schönes Gedicht mit belebter Einbildungskraft, ein schönes Bildwerk und Gebäude mit aufgewecktem Verstand; wer uns aber unmittelbar nach einem hohen musikalischen Genuss zu abgezogenem Denken einladen, unmittelbar nach einem hohen poetischen Genuss in einem abgemessenen Geschäft des gemeinen Lebens gebrauchen, unmittelbar nach Betrachtung schöner Malereien und Bildhauerwerke unsre Einbildungskraft erhitzen und unser Gefühl überraschen wollte, der würde seine Zeit nicht gut wählen.«

Musik, Lyrik, bildende Kunst und Architektur, das belebt nach Schiller den Menschen. Ob diese Aufzählung tatsächlich vollständig und seine Ausdifferenzierung und Klassifizierung von »Stoff« und »Form« für alle Zeiten in Stein gemeißelt sind, sei hier einmal dahingestellt. Wichtiger ist uns der Hinweis, dass der Mensch Zeit braucht, und zwar zweckfreie Zeit, Zeit zum »Spielen«. Und zwar nicht nur, um abzuschalten und auszuspannen. Die Spielzeit ist essenziell für den Menschen, sie entfaltet Fähigkeiten nicht nur für das Individuum selbst, sondern sie kann auch für das Kollektiv fruchtbar werden. Durch sie wird der Mensch erst »gesellschaftsfähig«. Und deshalb ist der Mensch gerade dort Mensch, wo er spielt, er ist Mensch, wenn er spielt, weil er im Spiel seiner Bestimmung als Gemeinwesen, als *zóon politikón*, näherkommt. Es handelt sich bei diesem bewussten Tun im wahrsten Sinne des Wortes um »Gesellschaftsspiele«.

Gesellschaftsspiele haben in der Corona-Krise geboomt. Klar, man war auf die kleinen Beziehungsräume von Familie oder WG zurückgeworfen und hatte jede Menge Spielzeit. Es war ein zeitlicher Freiraum entstanden, der gefüllt werden musste und bei dem das Gesellschaftsspiel, egal ob Skat, Trivial Pursuit oder Siedler von Catan, wieder oder sogar neu entdeckt wurde. Allerdings vornehmlich dort, wo man die Krise verhältnismäßig glimpflich bewältigen konnte. Wer hingegen vor dem wirtschaftlichen Ruin stand, wessen Mutter oder Bruder im Krankenhaus lag, wessen Familie weit weg vom eigenen Wohnort mit der Krise kämpfte, der wird vermutlich wenig oder anders gespielt haben. Und dennoch: Die Krise hat den *Homo faber* für eine kurze Zeit ein- oder sogar ausgebremst und dem *Homo ludens* Raum und Zeit gegeben.

Um das klar zu sagen: Das bedeutet nicht, dass wir behaupten, wir sollten der Corona-Krise dankbar sein; und es bedeutet auch nicht, dass wir hier die Chancen betonen wollen, die uns diese Krise geboten hat. Das wird dem Leid der Menschen und auch der Unsicherheit und Ungewissheit, die weiter vorherrschen, nicht gerecht. Vielmehr wollen wir sagen, dass der *Homo ludens* ganz unabhängig von jeglicher Krise und ohne den Druck jedweder Umstände wieder Teil unserer Gesellschaft werden muss. Wir alle, jeder von uns muss wieder mehr *Homo ludens* sein. Und zwar nicht nur das Individuum allein, sondern wir miteinander. Eine gelingende Zukunft liegt auch darin begründet, dass wir wieder mehr zu Spielern und Mitspielern werden – und nicht zum Würfel. Denn wer spielt, ist Akteur, ist aktiv.

Eine wichtige Facette des Spielens hat viel mit Freiheit und Freiraum zu tun, mit dem Unberechenbaren unseres Lebens. Ein Spiel gehorcht keiner Gleichung. Weder das Karten- noch das Würfelspiel. Wir lernen dabei die Improvisation und das Experiment. Wer spielt, der experimentiert. Experimente sind kein Privileg der Wissenschaft, sondern essenzieller Bestandteil des Lebens. Der Mensch ist deshalb nicht nur Mensch, wo und wenn er spielt, sondern auch wo und wenn er experimentiert. Das steckt hinter dem wunderbaren Ausdruck, dass jemand sich »ausprobiert«. In manchen Ohren klingt das nach nutzloser Zeitvergeudung, nach pubertären Flausen. Doch ein Mensch, der sich nicht wieder und wieder »ausprobiert« und sich dabei selbst erfährt, besser kennenlernt und mit seinen Möglichkeiten spielt – immer in einem gewissen Rahmen sicherlich –, ein solcher Mensch verliert auch die Möglichkeit, mehr er selbst zu werden. Spielen und Experimentieren haben viel mit personaler Identität zu tun.

Nicht nur, aber gerade die Wissenschaft lebt vom Ausprobieren und Experimentieren, lebt davon, dass Ergebnisse nicht schon immer von vorneherein feststehen. Probieren geht nicht unbedingt über Studieren, aber Studieren und Probieren müssen zusammengehen. Große Entdeckungen in der Naturwissenschaft wurden auf diese Weise gemacht. Bis James Watson und Francis Crick die Doppelhelix-Struktur der DNA entschlüsselt hatten, haben die beiden Molekularbiologen alles, was vorher auf dem Tisch lag, auseinandergenommen und neu zusammengebaut, 1962 erhielten sie zusammen mit Maurice Hugh Frederick Wilkins den *Nobelpreis für Physiologie oder Medizin*. Andere große Entdeckungen waren schlichtweg Zufälle, man spricht von der *Serendipity*, der *Serendipität*. Darunter versteht man eine Entdeckung eines Phänomens, das nicht gesucht wurde. Prominenteste Beispiele sind die kosmische Hintergrundstrahlung oder auch die Röntgenstrahlung. Die Hintergrundstrahlung gilt heute als ultimativer Beleg für die Urknalltheorie, den *Big Bang*, und ist damit in der Astrophysik von zentraler Bedeutung. Die Hintergrundstrahlung beweist, dass unser Universum einen Anfang hat, der sehr heiß war, dass es eine zeitliche Dimension hat, dass es sich abkühlt – und etliche Dinge mehr. Es gibt winzige Temperaturschwankungen in der Hintergrundstrahlung, winzig kleine und kaum messbare, die sich aber darstellen lassen. Theoretisch hatte Georges Edouard Lemaître, katholischer Priester und Astrophysiker, um 1930 herum die Grundlage dafür gelegt. Er hatte nämlich postuliert, dass, wenn man herausfände, dass das Weltall expandiere, dies der Beweis dafür wäre, dass das Weltall einen Anfang gehabt hätte. Er ging nicht von einer Beobachtung aus, sondern sagte: Wenn, dann … Und legte damit eine gedankliche Grundlage für die Expansion des Universums, wohingegen beispielsweise Albert Einstein noch davon ausgegangen war, dass ein Universum statisch sein müsse, wie es die sogenannte *Steady-State-Theorie* behauptet. Doch erst mehr als dreißig Jahre später – die Ideen Lemaîtres waren von *Steady-State*-Verfechtern immer wieder abgetan worden – wurde die Hintergrundstrahlung durch Zufall entdeckt. Robert Wilson und Arno Penzias, beide arbeiteten für die Telefonfirma Bell, sollten möglichst empfindliche Radioempfänger bauen. Sie stellten auf einmal eine gleichmäßige Strahlung, ein gleichmäßiges Rauschen fest. Zunächst dachten sie, ihr Radioteleskop sei kaputt oder verdreckt, doch daran lag es nicht. Das Rauschen, die Strahlung, kam von überall her und war überall. Wilson und Penzias konnten sich das nicht sofort erklären, stellten erste Theorien und Vermutungen an, veröffentlichten sie und gaben damit den Startschuss für eine ausgiebige Beschäftigung, die am Ende zu den heute gesicherten Erkenntnissen führte.

Das Spannende an dieser Entdeckungsgeschichte, und es handelt sich eben nicht um irgendeine Lappalie, sondern um eine entscheidende Erkenntnis über die Entstehung unseres gesamten Universums, ist einerseits die Tatsache, dass Wilson und Penzias etwas ganz anderes im Sinn hatten, etwas Praktisches: Sie wollten eben einen Radioempfänger bauen. Andererseits fasziniert die Herangehensweise Lemaîtres, der zu seiner Hypothese auf einem rein spekulativen Weg gelangte. Dieser Weg gerade des Theologen Lemaître zeigt, dass nicht nur die Naturwissenschaften, sondern alle Wissenschaften, auch die Theologie, vom Ausprobieren, von Experimenten leben, in unserem Fall von Gedankenexperimenten. Thomas von Aquin spricht beispielsweise davon, dass die Theologie in erster Linie eine *scientia speculativa* sei und erst in zweiter Linie eine *scientia practica*. Diese Einteilung wurde lange allgemein rezipiert und durchaus auch kritisiert, besonders Martin Luther wandte sich scharf gegen die Auffassung von der Theologie als *scientia speculativa* zugunsten einer »praktischeren« Ausrichtung.

Weshalb Spekulation und Risiko so wichtig sind

An dieser Stelle braucht es keine weitere Erläuterung, was genau Thomas von Aquin unter der *scientia speculativa* verstand und inwiefern Luther tatsächlich verstand, was Thomas von Aquin damit meinte, als er sich darauf bezog. Spannend ist für uns in diesem Zusammenhang vielmehr der Begriff *»speculativa«* selbst. Die Theologie und auch andere Wissenschaften beruhen auf Spekulation, ihre Methode ist das Spekulieren. Das ist eine großartige Vorstellung. Denn dazu gehört auch immer das denkerische Risiko, das Ausprobieren, immer mit dem Wissen, dass ein Experiment oder ein Gedankengang auch schiefgehen kann, dass man sich verhaspelt und in die Irre gehen kann. Wir brauchen heute wieder mehr Spekulation und Spekulanten. Nicht diejenigen, die mit Geld, Termingeschäften, Wohnungen oder Rohstoffen spekulieren. Nein, wir brauchen Spekulanten des Geistes, die sich Zeit nehmen für das Absichtsfreie, die sich Raum verschaffen für *Serendipity*, für das Spielen mit Gedanken und Ideen. Diese Form von Spekulation ist Ausdruck des menschlichen Geistes, sie ist schöpferisch und kreativ. Es ist eine Spekulation, die Kinder noch sehr viel natürlicher anstellen und die wir gerade in der Erziehung fördern sollten. Raum für eigene Gedanken bedeutet Entfaltung des eigenen Raumes, der eigenen Identität. Im Spiel bildet sich der Mensch – so wie das Kind im Spiel mit anderen seine sozialen Fähigkeiten und Kompetenzen entwickelt, die essenziell für eine gesunde soziale Kompetenz im Erwachsenenalter sind. Das Spiel kennt bestimmte Regeln und Gesetze, die einen Rahmen vorgeben. Innerhalb dieses Rahmens aber darf sich das Kind ausprobieren und darf herausfinden, wie der Rahmen gefüllt und gestaltet wird.

Das Risiko des Scheiterns ist der Spekulation und auch dem Spiel inhärent. Der Begriff wird auch in dem Metier gebraucht, in dem jener Frankfurter Philosoph, von dem zu Beginn dieses Kapitels die Rede war, tätig gewesen ist. Die Rede ist von Dragoslav Stepanović, oder schlicht: Stepi, Fußball-Philosoph der Frankfurter Eintracht, ein Original unter den Bundesligatrainern.

Im Fußball kann man ebenfalls spekulieren, mit Ablösesummen und Transferrechten natürlich. Aber auch im Spiel selbst wird spekuliert, beispielsweise auf einen Fehlpass des Gegners, einen Trick des Mitspielers oder auf etwas anderes. Spekulieren im Fußball bedeutet, etwas Unvorhergesehenes zu antizipieren, darauf zu hoffen. Es bedeutet aber auch, ein Risiko einzugehen, wenn der Abwehrspieler beispielsweise auf einen Stoppfehler des Angreifers spekuliert. Passiert das nicht und wird der Ball etwa direkt weitergeleitet, so ist möglicherweise die Deckung entblößt, dieser oder ein anderer Angreifer stößt durch und ist auf dem Weg zum Tor. Spekulieren heißt ein Risiko eingehen, für sich und für die eigene Mannschaft.

Wie hat oder hätte Bundesliga-Coach Stepi auf solch ein Spekulieren, das nicht erfolgreich ist, reagiert? Wir wissen es nicht. Wir stellen uns hier einfach vor, er hätte dem Spieler auf die Schulter geklopft, etwas Aufmunterndes gesagt und dann seinen berühmtesten Satz, seine berühmteste Weisheit hinzugefügt: »Lebbe geht weider.«

Der Satz gehört zum kollektiven Bundesliga-Bewusstsein und machte Stepanović zur Kultfigur. Unter diesem Slogan moderierte er sogar eine Zeit lang eine Fernsehsendung. Dabei war der Kontext des Satzes alles andere als amüsant, für Spieler, Angestellte und Fans der Eintracht Frankfurt sogar traumatisch. Voraus ging nämlich am 16. Mai 1992 eine denkwürdige Niederlage der Eintracht, die nicht nur ein verlorenes Spiel, sondern auch eine im letzten Moment geplatzte Meisterschaft bedeutete. Frankfurt war in dieser Partie der haushohe Favorit gegen Hansa Rostock, einen Verein, der am Ende der Saison sogar abstieg. In diesem Spiel allerdings zeigten und gaben die Hanseaten noch einmal alles, hatten überdies auch noch Glück bei Schiedsrichterentscheidungen und raubten den Frankfurtern den sicher geglaubten Sieg und damit den Titel. Meister wurde stattdessen der VfB Stuttgart, und Stepi wurde zur Legende, als er nach dem Spiel fair gratulierte und dann schloss: »Das Lebbe geht weider.«

Diese vier Worte kommen so lapidar und banal daher, müssen aber unheimlich schwergefallen sein. Doch die Erkenntnis, die darin steckt, ist alles andere als banal: Verlieren gehört zum Spielen dazu. Wer spielt, willigt automatisch in das Risiko ein, zu verlieren. Und trotzdem, so bitter es auch sein mag, geht das Lebbe danach weider. Das zu lernen ist fester Teil des Spiels. Verlieren – und gewinnen! – zu lernen macht Spielen aus, und das kann man nur im Spiel. Eine Gesellschaft muss genau diese Mentalität und diesen Freiraum ermöglichen. Wer nicht spielt, lebt nicht. Das bedeutet: Eine Gesellschaft, die Menschen nicht spielen lässt, lässt sie nicht leben und lebt selbst nicht. Und eine Gesellschaft, die dafür sorgt oder zumindest dafür mitverantwortlich ist, dass eine andere Gesellschaft und ihre Menschen nicht spielen, lässt sie nicht leben. Andersherum ist eine Konstellation, in der Menschen spielen und sich ausprobieren dürfen, eine, die den Menschen zur Entfaltung kommen lässt. Jeder Mensch braucht, wie im Sport, Spielzeit. Wer diese Zeit nicht bekommt, wird sich nicht entwickeln, weder im Sport noch im Leben. Es klingt wie eine Binsenweisheit, aber nur wer die Zeit erhält, Fehler zu machen, kann wachsen. Und daher braucht es Spielzeit und eine Gesellschaft, die Rückschläge und Niederlagen nicht verdammt, sondern ermutigt, dass auch danach das Lebbe weidergeht. Und die den Menschen im und durch das Spiel Mensch sein lässt – mit Schiller und Stepi im Ohr und im Gedächtnis.

SITZT, PASST, WACKELT UND HAT LUFT

Die größten Weisheiten stammen häufig mitten aus dem Leben. Das klingt jetzt selbst wieder wie eine Weisheit. Aber es geht ja um das Leben, das Lebbe – und da bleiben wir ganz entspannt. Die größten Weisheiten stammen also mitten aus dem Leben und viele besonders schöne aus dem Handwerk. Da ist für jeden etwas dabei, für den Chefsanierer ebenso wie für den Fußballtrainer: »Wo gehobelt wird, da fallen Späne.« Auch sehr schön: »Das guckt sich weg.« Oder: »Ich habe die Wasserwaage im Auge.« Die vielleicht wichtigste Handwerkerweisheit aber lautet: »Sitzt, passt, wackelt und hat Luft.«

Vermutlich haben die meisten von uns diese Weisheit schon einmal gehört. Sie kann Zufriedenheit ausdrücken und Lob, sie kann aber auch Ausdruck einer vorweggenommenen Entschuldigung sein, ganz nach dem Motto: »Ist jetzt nicht super genau, aber reicht doch aus.« Was unausgesprochen bleibt, aber im Hintergrund potenziell mitschwebt: »Hauptsache, es funktioniert, da muss man sich nicht so haben. Amateure …« Je nachdem, was wirklich dahintersteckt, kann das Ergebnis mehr wackeln als passen und eigentlich auch gar nicht richtig sitzen. Das kann ärgerlich sein und wird sich möglicherweise zu einem echten Problem entwickeln, etwa dann, wenn es um ein Fenster geht oder eine Tür. Wenn es allerdings um das Leben geht, um unsere Leben, dann ist das kein Problem. Im Gegenteil!

»Sitzt, passt, wackelt und hat Luft« – auf eine existenzielle Ebene gehoben, könnte man das auch so übersetzen: Es ist nicht alles berechenbar und vorgegeben. Es sitzt und passt schon, aber es bleiben Spielräume. Es bewegt sich, kann auch etwas nach vorne und nach hinten pendeln, nach links oder rechts, es ist nicht komplett eingeschraubt, nicht starr und völlig bewegungsunfähig. Wenn wir Luft haben, bedeutet das: Wir leben. Im übertragenen Sinne meinen wir damit auch, dass jemand uns und den anderen Luft zum Atmen lässt und uns Freiheit gewährt. Wenn etwas sitzt, passt, wackelt und Luft hat, dann bedeutet das schlichtweg nichts anderes als: Freiheit. Diese Freiheit, und das ist eine wunderbare Einsicht, besteht gerade in der Unberechenbarkeit. In der Unberechenbarkeit und in der Uneindeutigkeit.

Schlüsselwort unserer Zeit und eine gefährliche Sucht

Uneindeutigkeit ist einer der Schlüsselbegriffe unserer Zeit und die Sucht nach Eindeutigkeit eines der Schlüsselprobleme der Gegenwart. In seinem bahnbrechenden Werk »Die Vereindeutigung der Welt«, das den bezeichnenden Untertitel trägt: »Über den Verlust an Mehrdeutigkeit und Vielfalt«, hat der Münsteraner Islamwissenschaftler Thomas Bauer das eindrucksvoll beschrieben. Der zentrale Begriff darin ist der der *Ambiguität*, von der Bauer schreibt: »Kurz: Die Welt ist voll von Ambiguität.« Danach beschreibt er die »Suche nach Eindeutigkeit« und verweist darauf, dass *ambiguity* oder *ambiguité* im Englischen oder Französischen deutlich stärker in die Alltagssprache eingedrungen sind als im Deutschen. Er unterscheidet dabei zwischen *Vagheit* und eben *Ambiguität* und schreibt dann: »Ambiguität ist nur schwer und nie restlos zu beseitigen, ganz einfach aus dem Grund, weil es eine Welt ohne Ambiguität gar nicht geben kann. Es ist aber auch nicht einfach, einen Zustand der Ambiguität aufrechtzuerhalten, weil Menschen ihrer Natur nach nur beschränkt ambiguitätstolerant sind und eher danach streben, einen Zustand der Eindeutigkeit herzustellen, als Vieldeutigkeit auf Dauer zu ertragen.«

Die Vieldeutigkeit ist aber zunehmend zum Makel geworden, und unsere Bereitschaft, Uneindeutigkeit zu akzeptieren, wird immer geringer. Gerade die Naturwissenschaften spielen dabei eine entscheidende Rolle. Zwar kann man in der Tat in der Natur Stabilität erkennen, Gegebenheiten, die sich nur auf einer sehr, sehr langen Zeitskala verändern, auf diesen verschiedenen Zeitskalen existieren allerdings unterschiedliche Reaktionsmöglichkeiten. Manche stellen den alten Zustand wieder her, andere führen zu völlig neuen Situationen. Der Primat der Eindeutigkeit wurde nicht zuletzt durch die Naturwissenschaften verankert und vertreten. Doch gerade in den Naturwissenschaften hat sich in den letzten Jahren bei der Untersuchung von komplexen Systemen (der Stabilität von Strömungen in der Atmosphäre, der Anpassung von Lebewesen an neue Umweltbedingungen und dem Klimawandel) herausgestellt, wie empfindlich scheinbar ewig stabile Systeme sind, so empfindlich, dass sie auf einmal kippen können. Ein deutlicher Beleg dafür, dass die Welt nicht einfach eindeutig ist. Weshalb Uneindeutigkeit so entscheidend sein kann, kann man also gerade dann erkennen, wenn man sich mit physikalischen Systemen beschäftigt. Systeme, die uneindeutig sind, sind flexibel. Das ist gewissermaßen die Goldene Regel der Theorie der komplexen Systeme: Uneindeutigkeit bedeutet Möglichkeit, bedeutet, Optionen zu haben, Uneindeutigkeit ermöglicht es uns, Interpretationsspielräume zu besitzen, also Spielräume. Spielräume sind wiederum unsere einzige Chance, auf die Komplexität der Welt zu reagieren, ohne daran zu zerbrechen. Die Sucht nach Vereindeutigung und Vereinheitlichung, die mit einem Drang zur Normierung in vielen Bereichen einhergeht, beraubt uns dieser Spielräume und damit unserer Fähigkeit, flexibel auf die Komplexität der Wirklichkeit zu reagieren. Wo Kreativität fehlt, neigt man dazu, immer nur einheitliche Antworten auf Störungen oder Entwicklungen zu suchen, und meist findet man dann auch nur eine einzige.

Das erinnert an den Mann, der zwar einen Hammer hat, aber einen Rohrbruch beheben muss. Weil er nur diesen Hammer und sonst kein Werkzeug hat und weil er ausschließlich darüber nachdenkt, was man mit einem Hammer so machen kann, kommt er zu dem Schluss, dass Nägel die Lösung sind. Den Rest kann sich jeder selbst ausmalen. Wenn man es einmal salopp, aber durchaus passend ausdrücken will, führt Vereinheitlichung in der Theorie der komplexen Systeme dazu, dass die Systeme immer starrer und damit härter und unflexibler reagieren, bis sie irgendwann brechen und kollabieren, und zwar komplett. Ein resilientes System, also ein widerstandsfähiges System, ist hingegen biegsam und beweglich, es hat lockere und vielfältige Möglichkeiten, Antworten auf äußere Störungen zu geben. Dabei verändert sich solch ein System selbst ständig, weil es auf Einflüsse reagiert.

Das sehen wir in der Natur, das erleben wir aber auch bei uns selbst. Der Körper regelt sich normalerweise im Rahmen der natürlichen Schwankungen all unserer Lebensfunktionen, er reagiert auf diese verschiedenen Reize und verändert sich. In einem mechanistischen Weltbild, das von Normierung, Vereinheitlichung und vor allem von Vereindeutigung bestimmt ist, wird die Flexibilität und diese Fähigkeit zur vielfältigen und damit auch natürlicheren Reaktion genommen. Existenziell betrachtet: Wer keine Spielräume hat, erstarrt und steht ständig vor einer inneren Zerreißprobe. Wer sie hat, hat die Gelegenheit, so etwas wie einen zentralen Kern seiner Gedanken, Hoffnungen, Visionen aufrechtzuerhalten, um den herum er einen flexiblen Ring oder eine flexible Kugel an Anpassungsmöglichkeiten anlegen kann, ohne damit bestimmte Dinge des zentralen Kerns aufzugeben. Anpassung ja, aber nicht komplette Aufgabe.

Die Sucht nach Eindeutigkeit und die von Thomas Bauer konstatierte Tendenz zur Vereindeutigung der Welt gehen einher mit dem Wunsch nach kontinuierlichem Fortschritt. Der Fortschrittsglaube, der in den letzten Monaten zumindest teilweise ganz gehörig ins Wanken geraten ist, sodass er für einige sogar ausgedient hat, hat gerade Forscher und Wissenschaftler immer wieder zu vorläufigen Antworten gezwungen (dies einzugestehen, könnte übrigens selbst wiederum einen großen Fortschritt darstellen!). Dieser Fortschrittsglaube hat neben dem Bereich der Wissenschaften auch auf eine interessante Weise in ganz spezielle Bereiche unseres Lebens Einzug gehalten. Ein Beispiel: Man stelle sich ein Vorstellungsgespräch vor. Die Kandidatin oder der Kandidat scheint perfekt geeignet, die Fähigkeiten passen haargenau ins gewünschte Profil, die Antworten fallen präzise aus, und auch die Ausstrahlung passt hervorragend. Sowohl der Personalchef als auch die Betriebsleiterin sind angetan, beide können sich vorstellen, die Person einzustellen. Doch dann wird sie wieder gestellt, diese eine Frage: »Sie haben da eine Lücke in Ihrem Lebenslauf – können Sie das erklären?« Natürlich ist es möglich, dass die Bewerberin oder der Bewerber eine Antwort gibt, die die Fragesteller zufriedenstellt. Und ohne Zweifel kann es in einem Lebenslauf Lücken geben, die auf Erfahrungen oder Ereignisse hinweisen, welche für eine Einstellung tatsächlich relevant sind. Doch hinter dieser Frage, die tagtäglich sicher abertausende Male gestellt wird, steckt die Vorstellung von einem kontinuierlichen Fortschritt des Lebens. Genauer: nicht die Vorstellung, sondern das Ideal und der Wunsch danach. Womöglich auch das Dogma. Als dürfte das Leben eben keine Unterbrechungen kennen, als dürfte es keine Lücken haben. Der Ambiguität, der Uneindeutigkeit wird sich nicht ausgesetzt, Brüche werden nicht als etwas wahrgenommen, was in die Lebensgeschichte integriert gehört, sondern sie werden als Scheitern aufgefasst und gebrandmarkt. Das ist, mathematisch formuliert, die Sucht nach der Linearität des Lebens, danach, dass das Leben eine Gleichung ist, die immer ganz glatt aufgeht und deren Ergebnis am besten von vorneherein feststeht.

Interessanterweise zeigt sich der Widerspruch dieses Ideals zur Wirklichkeit gerade in Bereichen, die mit diesem Ideal zu operieren versuchen. Krankenkassen beispielsweise würden am liebsten mit einer linearen Entwicklung der menschlichen Gesundheit arbeiten oder wenigstens eine klare Berechenbarkeit von Gesundheitsfaktoren vorliegen haben, positiven wie negativen. Was passiert, wenn der Versicherte plötzlich sieben Kilo zunimmt, was geschieht, wenn die Versicherte auf einmal jeden Tag sieben Kilometer mit dem Rad zur Arbeit fährt? Was bedeutet das für die Anzahl von Krankenhausaufenthalten, Arztbesuchen und für die Lebenszeit der Versicherten allgemein? Ach, das alles genau berechnen zu können, das wäre doch fantastisch, die goldene Krankenkassenformel gewissermaßen. Nur: Jeder Mitarbeiter einer Krankenkasse weiß, dass dieses Ideal lediglich ein Wunschtraum ist, ein Luftschloss im Himmel der Statistik. Die Tatsache, dass jemand jeden Tag, also kontinuierlich und linear, sechs Kilometer joggen geht, schlägt sich nicht linear in gesundheitlichen Entwicklungen nieder. Die beliebten Schrittzähler, Must-Have-Accessoires der Moderne, können eben nur Schritte zählen und den wahrscheinlichen Kalorienverbrauch angeben, aber eine lineare Steigerung, nicht einmal im Abbau der Kurzatmigkeit, die haben sie nicht in petto.

Ist das schlimm? Nein, im Gegenteil. Es wirkt sich vielleicht negativ auf die Berechenbarkeit von Policen aus, aber es ist zugleich auch gut für die Freiheit, die jeder Einzelne durch seine physische und psychische Verfasstheit hat und braucht. Es wäre doch schrecklich, wenn ein Trainer seine Spieler mit den Übungen programmieren könnte, sodass am Ende exakt das herauskommt, was die Ernährungsberater und Fitnessstrategen im Vorfeld ausgerechnet haben. Die Unberechenbarkeit und Uneindeutigkeit des Lebens zeigt sich, und das ist das Paradox, oft gerade dort, wo wir viele Daten und Messungen vorliegen haben – ein Faszinosum des Lebens.

Die Naturwissenschaft hat viel zum vermeintlichen Ideal der vollständigen Berechenbarkeit des Lebens beigetragen. Und es ist verwunderlich, wie demütig andere wissenschaftliche Disziplinen das offenbar akzeptiert haben. Dabei hat die Wissenschaftsphilosophie schon seit Längerem nachgewiesen, dass selbstverständlich auch die Naturwissenschaft auf Voraussetzungen beruht und aufbaut, die selbst nicht noch einmal komplett berechnet oder bewiesen werden können. Und manche ihrer Regeln sind noch nicht einmal aus gegebenen Fakten ableitbar, schon gar nicht aus der Natur.

Die Naturwissenschaft findet auf ihrer Suche nach der Ordnung in der Welt eine ganze Reihe von Regeln.

Bestätigen sich diese Regeln, spricht man zunächst erst einmal vielleicht von einer Relation. Später dann, wenn es scheint, etwas sei allgemein und gültig, also allgemeingültig, spricht man von einem Gesetz. Dieses Gesetz, das *Naturgesetz*, ist eigentlich nichts anderes als eine mathematische Gleichung. In ihr steht irgendeine Größe, wie sie sich mit der Zeit oder dem Ort verändert, aber der entscheidende Punkt bleibt der »Tatsachenbestand der Welt«. Der Tatsachenbestand der Welt ist das, was vorher passiert ist und was in der Umgebung wirksam auf die zu bestimmende Größe einwirkt. Mit anderen Worten: Das, was sich in der Vergangenheit abgespielt hat, ist der nicht zu bestreitende Ausgangspunkt der Gleichung. Selbst wenn man in der Gleichung die Zeit t auf null setzt, ist vorher etwas passiert und zwar definitiv. Man spricht von Anfangsbedingungen und Randbedingungen. Diese Bedingungen sind kontingent, sie sind möglich, aber nicht notwendig, sie können also so oder auch ganz anders sein. Aus naturwissenschaftlicher Sicht stellt man nun fest, dass dieses oder jenes Naturgesetz notwendigerweise so sein müsse, wie man es gefunden hat, weil es sich im Experiment entsprechend bestätigt habe. Nur: Das Experiment umschreibt lediglich eine sehr eingeschränkte Wirklichkeit, und zwar die des Labors, in dem man Störeinflüsse abschirmen kann. Wenn man vor diesem Hintergrund nun eine Art »Physik der Wirklichkeit« beschreibt, wird man automatisch mit den überhaupt nicht bestimmten und kontrollierbaren Rand- und Anfangsbedingungen konfrontiert, die irgendwie etwas damit zu tun haben, was vorher war und was außen und drum herum ist. Das bedeutet: Diese »Physik der Wirklichkeit« zeigt uns, dass die Wirklichkeit eben gerade nicht linear und nicht determiniert ist. Die Vorstellung von der Welt als einer Maschine, die genau berechnet und geplant werden kann, mag auf der Ebene der Gesetze stimmen. Sobald aber die Wirklichkeit mit ihren Rand- und Anfangsbedingungen einbezogen wird, wird die Vorstellung einer idealen, nur durch Naturgesetze bestimmten Welt ad absurdum geführt.

Excelisierung des Lebens und befreiende Kartenspiele

Diese Tatsache findet ihre Entsprechung im sozialen Leben des Menschen. Verläuft eine Liebesbeziehung linear? Sicher, man kann sich von bestimmten Gesten oder Ereignissen bestimmte Folgen erhoffen, man kann sie sich ausrechnen – man kann sie aber nicht berechnen und erst recht nicht erzwingen. Man kann in der Liebe berechnend sein, und trotzdem wird sie dadurch nicht linear, sondern möglicherweise schlichtweg ad absurdum geführt. Mehr noch: Wer in der Liebe alles berechnen will, wird feststellen, dass das keine Liebe ist. Und auch die Beziehung an sich ist nicht linear, keine Beziehung ist das. Trotzdem werden viele Bereiche des Lebens und unser Leben in vielen Bereichen so behandelt, als gäbe es für alles feste und genau durchkalkulierte Formen und Schemata. Als könnten wir das gesamte Leben in Spalten und Zeilen aufschlüsseln, Algorithmen und Formeln anwenden, um per Knopfdruck eine Kettenreaktion auszulösen oder eine Rechnung aufzustellen, an deren Ende ein präzises Ergebnis steht, das eine mathematisch logische Abfolge darstellt. Nur erleben wir, dass das nicht die Realität ist. Und um zu dieser Erkenntnis zu kommen, müssen wir noch nicht einmal persönliche Schicksalsschläge, Naturkatastrophen oder gesellschaftliche Umbrüche bemühen, allein der Blick auf »normale« Lebensläufe zeigt uns das. Die Excelisierung des Lebens geht nicht auf.

Wollten wir versuchen, das Leben linear darzustellen, müssten wir es in unendliche Einzelteile zerlegen. Wir müssten es gleichsam in eine mathematische Funktion übersetzen, müssten Zeit und Vorgang benennen, und dann hier Zeit und Vorgang, und hier.... Doch irgendwann kommen wir am Ende der Funktion an, und das Ganze ist nicht mehr linear. Das bedeutet, man hat eine Funktion, die so richtig irre fluktuiert, und tut die ganze Zeit so, als könnte man diese fluktuierende Funktion aus lauter kleinen nichtfluktuierenden linearen Funktionen zusammensetzen. Das funktioniert bis zu einem gewissen Grad. Aber wenn man das Ganze wieder betrachtet, hat man trotzdem keine lineare Funktion vor Augen. Exakt so verhält es sich, wollte man eine lineare Lebensfunktion berechnen und darstellen. Das ist unmöglich.

Der Grund dafür ist denkbar einfach und ähnelt dem, was wir weiter oben über die Gesetze gesagt haben: Die Welt und unser Leben hängen immer von Bedingungen ab, die für uns im Letzten unberechenbar sind. Der große Sprachphilosoph Hans-Georg Gadamer hat das in seinem Werk immer wieder betont und einmal sehr prägnant so formuliert: »Die Welt ist auch Horizont. Horizont. Diese lebendige Erfahrung, die wir alle kennen, die den Blick ins Unendliche gerichtet hält. Und dieses Unendliche weicht mit jeder noch so großen Anstrengung und jeder noch so großen Geschwindigkeit immer nur weiter neuen Horizonten und neuen Horizonten, das heißt, die Welt ist in diesem Sinne für uns ein ganz großer Bereich, in dessen Mitten wir unsere bescheidene Orientierung suchen.« Die Frage nach dem Sinn des menschlichen Lebens entzieht sich der Berechnung. Und zugleich ist das Leben keine Gleichung, die genau vorgibt, wie es ausgehen muss.

Das mag trivial klingen. Doch gerade die Sucht nach der Vereindeutigung unserer Welt zeigt, wie sehr heute die Kategorien der Messbarkeit und Linearität auf das Leben als Qualitätsmerkmal angewandt werden. Auf das individuelle Leben, aber auch auf Gruppen oder Gesellschaften. Denn auch hier gilt: Eine Gesellschaft entwickelt sich nicht linear und gehorcht keiner Gleichung. Das Leben, individuell und kollektiv, ist mehr als eine Gleichung, es ist vielmehr ein Wechselspiel von Gesetzen und Bedingungen – und darin liegt zugleich auch immer das Potenzial für Neues. Eine kleine Veränderung bedingt eine größere Veränderung und erzeugt neue Bedingungen und Optionen, obwohl sich an den Gesetzen selbst nichts verändert hat. Unberechenbarkeit bedeutet Freiheit und nicht zuletzt auch Vielfalt. Der Mann aus dem obigen Beispiel hat mit seinem Hammer lediglich ein Werkzeug und kaum Optionen. Ein Leben mit Ambiguitätstoleranz, ein unberechenbares Leben beruht dagegen darauf, dass es Vielfalt gibt und nicht nur eine Antwort, eine Lösung, einen Weg. Das Wort Lebensweg impliziert deshalb Abwägen und Entscheiden, unterschiedliche Antworten, vielfältige Wege.

Zwei einschränkende Gedanken dazu: De facto haben das mechanistische Weltbild und eine Weltordnung, die wirtschaftlich und sozial auf Normierung und Berechenbarkeit setzen, diese Vielfalt und diese Freiräume für viele von uns eingeschränkt, für manche sogar fast bis zur Erstarrung. Das gilt für Menschen in entsprechenden sozialen Bedingungen, die in der Theorie verschiedene Optionen und Antwortmöglichkeiten auf die Fragen des Lebens haben, denen aber in der Praxis bereits die Anfangsbedingungen kaum Freiraum erlauben. Das Funktionieren wird zur Überlebensstrategie. Die zweite Einschränkung bezieht sich darauf, dass eine gewisse Stabilität und Formalisierung im Grunde ja nicht schlecht sind. Es wäre eine ständige Überforderung des Menschen, gäbe es überhaupt keine festen Regeln, Rhythmen oder Abläufe, auf die man sich gewissermaßen blind verlassen kann. Manchmal ist es für uns Menschen wunderbar, wenn wir einfach nur funktionieren können. An das im Kapitel zur Entdeckung der Langsamkeit angeführte Beispiel der Kampfsportarten anknüpfend, könnte man ergänzen, dass es durchaus eine befreiende und entspannende Wirkung hat, sich einfach nur in erlernte und automatisierte Abläufe wie Katas oder bestimmte Atemübungen fallen zu lassen. Ständig wählen und entscheiden zu müssen, ist anstrengend.

Wir brauchen daher eine Balance zwischen Bereichen und Momenten in unserem Leben, in denen wir Routiniers im besten Sinne des Wortes sind, und solchen, in denen wir Vielfalt begegnen und sie ausleben können. Die Vielfalt der Unberechenbarkeit und Uneindeutigkeit schafft Freiräume, sie stellt aber auch Anforderungen. Die Konsequenzen von Ambiguität und Freiheit heißen Adaption und Improvisation. Wir müssen immer wieder neue Situationen antizipieren und adaptieren. Die Adaption ist übrigens ein Begriff, der auch in der Musik vorkommt und sich in diesem Kontext auf interessante Weise mit der Improvisation verbindet. Wer Italien kennt, weiß, wie viel und wie sehr dort das Leben durch ständige Improvisation geprägt ist, auch durch die Lust an der Improvisation. In der Musik sind Amerika und der Jazz ein beredtes Beispiel für den Zusammenhang von Adaption und Improvisation. Wir Europäer haben dagegen mit der Klassik einen Weg der deutlich stärkeren Normierung und Formelhaftigkeit eingeschlagen. Es soll uns hier gar nicht darum gehen, das eine gegen das andere auszuspielen, im wahrsten Sinne des Wortes. Doch der Jazz als Improvisation, der im Spiel Freiheit fordert und Freiheit erzeugt, ist ein wunderbares Abbild des Lebens – seiner Herausforderungen, aber eben auch seiner Möglichkeiten. Um richtig zu jazzen, so könnte man etwas überspitzt formulieren, braucht ein Musiker eine ordentliche Portion Ambiguitätstoleranz.

Ob das Leben gelingt, hängt deshalb nicht von den Gesetzen ab, so wie auch Musik nicht zwingend davon abhängen muss – oder auch ein Spiel. Das Leben als Spiel, das ist in einem anderen Kapitel bereits angeklungen, ist ein zentrales Bild für unser Dasein. Das Spiel lebt zwar von Regeln und Gesetzen – ohne Regeln geht es nicht, und es ist richtig, dass die Regeln auch Ziel und den Zweck des Spieles bestimmen –, doch der Weg dorthin hängt von vielen nicht regelbaren, unberechenbaren und uneindeutigen Bedingungen ab: Beim Kartenspiel ist zunächst einmal das Blatt entscheidend. Dann kommen aber auch die Fähigkeiten und Fehler der Spieler zum Tragen, die eigenen wie die der anderen, und natürlich macht sich auch die Fähigkeit zur Adaption und zur Improvisation bemerkbar. Und jedes Mal, wenn wieder neu gemischt wird, kann es eben sein, dass man ein Luschenblatt bekommt und beim Skat zum Beispiel achtzehn sagen muss – dann ist man weg, alles aus und vorbei. Das nächste Mal dagegen reizt man bis achtundvierzig, weil man einen Grand auf der Hand hat. Ob das klappt, weiß man nicht, selbst hier können neue und unvorhersehbare Situationen entstehen.

Bei uns in Bayern ist Skat ganz klar nur die Nummer zwei oder drei beim Kartenspiel. Den ersten Platz behauptet der Schafkopf. Erhält man hier einen Sie, hält man also alle Ober und Unter in der Hand, dann wird das Spiel absolut linear verlaufen. Man kann schlichtweg nicht verlieren, weil man alle acht höchsten Trümpfe hat. Doch mit dem Leben im oben beschrieben Sinne hat das wenig zu tun. So ein Sie bringt vielleicht Punkte oder Geld, aber nur bedingt Spaß, zumindest keinen Spielspaß. Linearität schließt Kreativität aus und unterdrückt Freude. Anders ist es beim Tout: Hier werden ebenfalls alle Stiche angesagt, doch es besteht prinzipiell die – wenn es normal steht winzige – Möglichkeit, das Spiel nicht zu gewinnen. Und wer Schafkopf spielt, weiß: So richtig Spaß macht ein gewonnener Tout viel mehr als ein gewonnener Sie.

Es scheint, als würden die Unberechenbarkeit und die Uneindeutigkeit des Lebens nicht nur wesentlich zum Leben dazugehören, sondern als Bedingung der Möglichkeit von Kreativität und Improvisation, als Voraussetzung von Entfaltung und Einzigartigkeit essenziell für das sein, was man vereinfacht mit dem Begriff der Lebensfreude umreißt. Freilich leben viele Menschen in Situationen und Verhältnissen, deren Uneindeutigkeit und Unberechenbarkeit nichts mit Lebensfreude zu tun haben, beispielsweise wenn hinter der Unberechenbarkeit der Lebensverhältnisse nichts anderes als menschliche oder politische Willkür steckt. Aber das ist hier nicht gemeint. Es geht uns an diesem Punkt vielmehr um die grundsätzliche Ambiguität und Ambiguitätstoleranz, die lebensimmanent ist, und um den Abschied von einer Sucht nach Eindeutigkeit und Linearität. Wir werden immer wieder an einzelnen Punkten unseres Lebens ankommen, an denen wir uns mehr Berechenbarkeit, mehr Planbarkeit, mehr Linearität wünschen. Doch das Leben als Ganzes kann nicht linear sein und soll es auch nicht sein. Ambiguität gehört zum Leben an sich. Damit umzugehen, eine Ambiguitätstoleranz aufzubauen, ist, wie Thomas Bauer es zeigt, essenziell für das Gelingen von individuellem und kollektivem Leben. Es ist, ins Handwerkerdeutsch übersetzt, die Fähigkeit, Dinge, die wackeln, zu ertragen, mehr noch: sie zu nutzen, zu genießen und gegebenenfalls als Freiraum und Bereicherung, als Luft zu begreifen und zu leben.